斎藤一人
俺の人生

すべてが成功する絶対法則

斎藤一人 著

マキノ出版

まえがき

はい、こんにちは。一人《ひとり》さんです。

感謝してます。


最近になり、自分の持っている人生の残り時間について考えるようになりました。

私は小さいときから今に至るまで、いろんな病気をしてきました。

周りからは、20歳までしか生きられないと言われていましたし、実際のところ、お医者さんに死ぬと宣告されたこともあります。

それでも、ここまで生きてこられた。

だけど、**今になって人生の残っている時間を意識するようになったんです。**

もう、「本当のこと」を教えなきゃ、時間がないなって。

でも、そう思ったら、不思議と長生きするような気がしてきたんです（笑）。だから、安心してくださいね。

本当のことっていうのはね、私が実際にやってきたこと。

例えば私の会社では、たくさんの健康食品や化粧品を扱っているんだけど、研究員というのがいません。

じゃあ、どうやって商品を開発してるんですかっていえば、一人さんが急にパッとひらめくアイディアで商品化してきたんだよね。

試してみると、みんなに喜ばれるような効果があって、それが口コミで売れるわけです。

こんなふうに言うとね、研究員もいないのに、そんな優れた商品を開発できるのかって疑う人も出てきます。

だけど、一人さんは日本でいちばん税金を払ってる人で、国や人のために尽くしてきたんです。怪しくなんてないと、自分では思っています。

ただ、普通の人と方法論が違うんです。

今までは人に聞かれるまま、その方法論を教えてきました。こういう困った問題が起きたら、こう対処するといいよって。

だけど、みんなの質問にお答えしてきただけだから、自分自身はやってこなかったこともあるの。例えば、「ありがとうを1日に100回言う」などもその一つです。

これは、素直に「ありがとう」という言葉が出ないとか、なかなか感謝の気持ちが湧いてこないっていう人は、毎日100回、呪文のように「ありがとう」を言うところから始めるといいよっていう話なんだけど。それをやると、自然に「ありがとう」が言えるようになったり、感謝の気持ちが芽生えてきたりするんだよね。

ただ、一人さん自身は「ありがとう」の練習なんてしてないんです。わざわざ練習しなくても、自然に「ありがとう」って言えるし、感謝の気持ちが消えたことはないからね。

だけど、まだできない人がたくさんいるから、こうしたらできるようになるよっていう、方法論をお伝えしてきたわけです。

でも、そういう方法論を、一つひとつじっくりお伝えできるだけの時間は、もうないんじゃないかって。だから、**これからは一人さんがやってきたこと、やって成功し**

たことだけを伝えていきたいと考えるようになりました。

だれの人生でも、生きていればいろんなことが起こります。だけど**私の場合には、いいこと、いい結果しか起こりません。失敗っていうのがないんだよね。**

なぜかって言うと、子どものときから、物事をどんなふうに考えて、どう生きれば、神様が味方してくれるかっていうことがわかっていたから。

「この世には、こうすれば神様が味方してくれるっていう法則がある」

そう、思い込んできたんだ。

この本を読んでも、信じられないって言う人がいるかもしれません。だけど、私は自分の言ってることが正しいとか、信じて欲しいとか言ってるわけではないんです。

ただ、俺にとっては実際に起きたことだよってこと。

そういう意味では、本書は、ごくごく限られた人しか喜んでもらえないものになるかもしれませんね。

この本には、私の人生に起こった、本当のことしか書いてありません。
実際に一人さんはこれで成功したんだっていうことを、全部お伝えしようと思います。

信じられなくてもかまいません。
だけど、信じられるよっていう人は、どうぞやってみてください。
最後まで楽しんで読んでもらえたらうれしいです。

斎藤《さいとう》一人《ひとり》

「一笑百福」カードについて

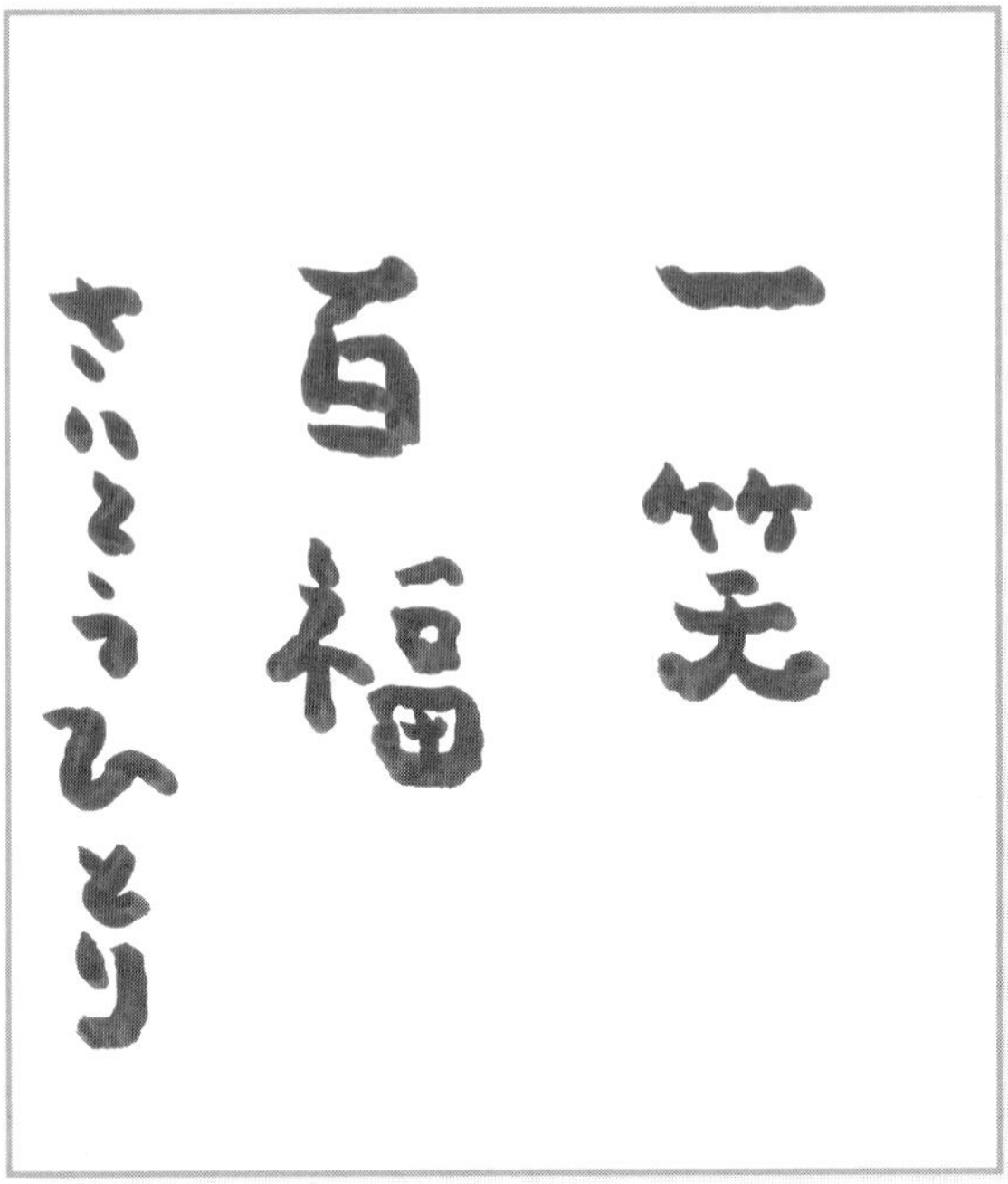

この本の巻末に、私が魂を込めて書いた色紙をカードとして添えさせてもらいました。

「一笑百福《いっしょうひゃくふく》」

ひと笑いすると、百の福が来るよ。

笑顔は、それくらい大切なものなんです。

だからみんなも、笑顔を大事にしようね。

みんなが笑顔になれるように、このカードを一人さんからみなさんにお贈りします。

見える場所に飾ったり、持ち歩いたりしてみてください。それだけで、神様が味方になってくれると思いますよ。

（※本文130ページも併せてお読みになってください）

斎藤一人　俺の人生　もくじ

第2章　「好き」があなたの道しるべ

第3章　人生は楽しい学びであふれている！

第4章 「法則」がわかればうまくいく

第5章　ズバリ、成功の秘訣を教えます！

第6章　神様はあなたの笑顔が大好き

装丁　田栗克己
構成　古田尚子
編集　髙畑　圭

第1章

あなたは神の道を行ける人です

愛を持って生きること。それが「神の道」

人間というのは、何回も生まれ変わります。

これを信じる人と信じない人がいるんだけど、私は信じてる人なんです。

でね、何回も生まれ変わる目的は、魂が成長すること。魂が成長することっていうのは、神に近づくことです。

神っていうのは愛だから、神に近づくっていうことは、愛に近づくことなんだよ。

自分の言っていることに、愛があるだろうか。

自分の言っていることが、人を傷つけてないだろうか。

自分の顔に、今、愛があるだろうか。

自分が出している波動に、愛があるだろうか。

これね、なかなかできないんです。

でも、少しずつ、少しずつやっていけばいい。

そうやって考えながら進んでいくのが、愛の道なんです。

もちろん、人それぞれ、いろんな道があります。**神の道って、愛を持ってそれぞれの道を進んでいくことだよ。**

このことがわかると、人はうんと幸せになれます。

一人さんの人生は神の道です

一人さんってね、商品を開発するための研究やなんかは全然していないんです。それなのに、ほかの人が莫大《ばくだい》な研究費をかけても開発できないような商品を作り出すことができるのです。

じゃあ、どうやって商品ができるんですかっていえば、突然、「これとこれを混ぜて、こんな商品を作ってみな」っていう、神様のアドバイスがいただけるの。

自分で考えただけでは絶対にできないような、すばらしいアイディアがひらめくわけです。

で、そのひらめき通りに作ってみたら、ものすごい商品ができた……っていうのが、うちの会社の商品です。

すごく不思議な話ですから、これを信じる・信じないっていうのはみなさんの自由なのですが、とにかく私にとっては紛れもない事実なんです。

これまでずうっと、そうやっていろんな商品を作り出してきました。

どうして一人さんにはそんな不思議な出来事が起きるんですかっていえば、**私は子どものときから、神の道を歩いてきたから**です。

神の道を行くって、別に特別なことじゃないんですよ。

神様に好かれるような、味方してもらえるような生き方をすればいい。

だれにでもできます。

そうすると、幸せになるようなことがたくさん起きるんだよね。

一人さんの場合だと、商売で成功して納税日本一になったり、素晴らしい仲間に恵まれたり、何十年にもわたって次から次にアイディアが湧いてきたり。

自分に必要なものは、惜しみなく与えられるんです。

神に好かれて味方してもらえる方法って？

この世には神がいます。神様ってね、みんなが思ってるより楽しい人だし、笑顔の多い、愛にあふれてる人なんです。

そして、神の愛が物質化されたものが、物になります。だから、すべてのものは、神の愛でできてるんだよ。

その中で、人間だけが自由意志を持っている。私たちの存在は、自由意志を持った神の愛なんです。

で、自分が神のエネルギーの通り道だとすると、本来は言葉だろうが表情だろうが、自分の中から神の愛が出なくちゃいけない。

それが出てないときは、おかしいときなんだよね。

苦労したり、嫌なことがあったり、人とぶつかったりすることがあります。それってね、必ず自分から愛が出ていないの。

相手が嫌なことを言おうが何をしようが、関係ありません。

自分は愛の通り道だから、相手がどうであろうと、愛に関することしか言っちゃいけないんだよ。

それができると、世間も味方してくれるし、神も味方してくれるようになります。

神が味方してくれるとどうなるんですかっていえば、神は成功のアイディアから何から全部持ってるから、それをくれるんだよね。

だから、私たちは神がくれたそのアイディアで勝負すればいいんです。

ひっかけ問題をクリアすればごほうびがもらえるよ

愛って何ですかっていえば、優しくて親切なことなんです。自分のできる範囲で、人に優しく、親切にすること。

じゃあ、人に優しく親切にってどういうことかって言うと、悪口や愚痴を言わないとかね。基本的にはそれだけです。

それでうまくいくんですかっていえば、いくんだよ。
その証拠に、私はたったそれだけのことで、ずっとうまくいってるんだもの。
私の悪口を言ってる人ってどこかにいると思うんだけど、その人がどうなったか、本人に聞いてもらえばいいよ（笑）。
言われても言い返さない。そういう私の人生は、毎日幸せなんだよね。

一人さんは、人に嫌なことを言われてカチンとくることはないんですかっていえば、カチンとくるようなときでも相手に文句を言わない私は、ごほうびが多いんです。

ムカッとするようなときでも愚痴や文句を言わないでいると、神様がうんとごほうびをくれるんだよ。

普通、「これはさすがに黙っていられないな」ってくらい嫌なことをされると、つい文句を言っちゃう。でもね、それでも言わないでいると、神様のごほうびがもっともっと多くなります。

ものって考えようなんだよ。

こんなに嫌なことされたんだから、堪忍袋の緒が切れてもしょうがないって。そんなふうに判断して、つい文句を言っちゃう。

つい堪忍袋の緒が切れるような難しい問題を神様から出されると、みんなすぐひっかかっちゃうんです。だけど、そこでひっかからない。そうすると、得点が高いんだよ。難しい問題でも、サラッと答えに愛が出せると、すごいごほうびがもらえる。

一人さんはいつもそんなこと考えてるんですかっていえばね、私の場合は、頭がもうそういう構造になっちゃってる。あえて意識しなくても、勝手にできちゃうんです。

人に言い返さないでいると、本当にいいことがあるよ。試してごらん。

この世の中は周りの人に喜ばれることしかないんです

不安な人って結局ね、神様を信じてないんです。神様がいるんだってことを信じてない。

でも、この宇宙には歴然たる法則というのがあって、人の悪口を言いながら幸せになるとか、不安なことを考えながら幸せになるとか、そんなことはできないようになってるんだよ。

わかるかい？

一人さんってね、下心なく人のことを褒《ほ》めるんです。それに、お弟子さんが困ってたり、お手伝いが必要だなって人がいたりすると、私は飛んで行って手伝います。

それで一人さんに何かいいことあるんですかっていうと、どういうことが起きるかまではわからないけど、必ずいいことがあるんです。そういうものなんだよ。

ただ、もしごほうびがなかったとしても、お手伝いをした人から喜ばれるだけでいいことだよね。周りの人に喜ばれるだけで、私も幸せな気持ちになれるんです。

この世の中っていうのはね、まずは自分の周囲、簡単に言えば周り近所の人に喜ばれることしかない。

私はいつも「自分も人もゆるそうね」って言うんだけど、人をゆるしましょうって言ったって、それはあなたの周り近所にいる人に対してだけなんです。

別に、ヒトラーをゆるせとか、そういう話じゃないよ。

だって、ヒトラーはあなたの側にいないでしょ。あなたの側にいるのは、口うるさいお姑《しゅうと》さんだとか、近所のおじさんくらいだよね（笑）。

悪口や愚痴をやめると人生が変わります

もし会社が嫌なんだとしたら、会社を辞めちゃえばいいし、嫌な人とは付き合わなきゃいいんだよね。で、どうしてもその相手と付き合わなきゃならないんだとしたら、それは文句や愚痴を言わない修行なんです。

相手がいくら悪口を言っても、自分は言わない。

あのね、嫌なことが起きるということは、ちょっと嫌なことがあると人の悪口を言ったりするからなの。自分がそういう性格だから、嫌なことを引き寄せてくるんです。

人の悪口とか、愚痴やなんかを言わなくなると、人生は必ず変わるよ。自分が変われば、すべて変わるようになってるんです。

どうしてですかっていうと、神様がそういう仕組みを作ったんだよね。

あぁ、これは人の悪口を言わないための修行だなってわかれば、人生はパッといい方向へその瞬間に変わります。

この世の中は、人を変えようとするからおかしくなっちゃうんです。

私なんて、もし週刊誌で自分の悪口を書かれたとしても、「この週刊誌、売れるといいね」って言います（笑）。

あのね、悪口を言うってことは、自分の畑に唐辛子《とうがらし》の種をまいてるのと同じなんです。人から悪口を言われて、こっちも言い返しちゃうと、言ったぶんだけ自分の畑に唐辛子の種をまくようなものだから、それを刈り取らなきゃいけなくなる。

ピリッと辛くて目にしみるような出来事が嫌なんだったら、最初から唐辛子の種をまかなきゃいいんです。

念のために言っておくけど、唐辛子がいけないってわけじゃないよ。これはたとえ話だからね（笑）。

今世では因果を作らないようにしてごらん

何か嫌なことがあるってのはね、前世《ぜんせ》に自分が同じことをやった現れなんだよね。

私だってね、納税日本一になっただけで妬まれることがあります。それは多分、私が江戸時代に越後屋《えちごや》（江戸でいちばんと言われた呉服店）を悪く言ってたんだね（笑）。

越後屋は朝から顔晴《がんば》ってたのに（一人さんは「がんばる」をこう書きます）、よく知らないで「あいつは悪いことやってるに違いない。悪いことをしなければ、あんなに儲《もう》かるわけがない」とかって言って、人が顔晴ってるのを認めなかったのかもしれない（笑）。

逆にね、悪いことをやり続けて、会社が大きくなるなんてことはないんだよね。悪いことをして、何十年も儲け続けることなんてできるわけがありません。

どの時代にも、法律ってあるんです。

法律を犯しながら成功するなんてことはできないし、もし一時は成功したとしても、そんなことを何十年間もやれるわけがない。

だから、何代も栄え続けてる家というのは、悪いことなんてしようもないんだよね。

そのことすら考えないで悪口を言ったりすると、それが来世《らいせ》とか、その次に生まれ変わったりしたときとかに出てくるんです。

人の悪口を言う人ってね、悪口を言っても言わなくても、自分の人生に影響がないと思ってるんだよ。で、言ったらスッキリすると思ってるわけ。

まさか、そのことが自分に不幸を呼び寄せてるとは思っていないんです。

もし、だれかに嫌なことを言われたとしたら、それは自分が昔言ったことの因果が出てきてるってことです。

だけど、今こうして理解したことによって、昔の因果は消えていくんだよ。

でね、来世とかその先で嫌な思いをしたくないんだったら、今世《こんせ》で因果を作らなきゃいいんです。

自分なりのやり方で問題を乗り越えたらいい

神様から問題が与えられたときはね、どんな理由でもいいから、それに挑戦しようって思えたらそれでいいんです。

だから、最初は「この修行をやりきったら、神様からものすごいごほうびがもらえるぞ」って下心があってもかまいません。

そう思ったほうが行動しやすいんだったら、そうすればいい。行動することが大事だから、それに結びつくことだったら何でもいいんだよね。

自分の畑に嫌な種をまかないでいるための方法は、あなたの自由です。

ごほうびがもらえると思えば行動しやすいとか、前世に自分がやったんだからしょうがないと思ったほうが行動しやすいとか、人それぞれやり方ってあるよね。1万人いれば、方法は1万通りあるんです。

一人さんだったらどうするんですかっていえば、もし私に意地悪をするやつがいたら、ひどい目に遭わせて終わりだね（笑）。

どういうふうにひどい目に遭わせるかっていうと、悪口を言ってくるんだとしたら、「そういうこと言うのはやめな。自分にもよくないよ」って言う。

何だそれだけかっていえば、**その程度のことでじゅうぶんなんだよ。言うべきことを伝えたら、それ以上しなくていいの。**

悪口を言う人に、「聞いてる私も気分悪いけど、あんたも運勢悪くなるから止めな」とか真っ当なことを教えてあげればいいだけ。

相手のためを思って注意することはできるんだよね。

あるいは、悪口を聞きたくなければ、自分がその場から離れちゃうのもいい方法だしね。

距離を置いたり、そういう人とは口をきかなくなったりしてもかまいません。とにかくやり方はいくらでもあるから、自分に向いていることをやるといいよ。

嫌な相手とは角が立ったとしても距離を置くこと

でね、相手と距離を置きたいときに、急に連絡を断ったりすると角が立つから難しいって言うんだよね。上手な距離の置き方があるんですかって聞いてくる人もいる。あのね、何かやるときに「角を立てちゃいけない」とかって言うけど、何かやるときは、角なんか立てまくりだよ（笑）。

そうしなきゃ何もできない。

嫌なことをされてるのに、それでも角を立てなかったら相手にはわかりゃしないよ。そういうときは、角なんか立てまくるしかないんです。

だって、**嫌いな人にまでいい人と思われたいと思ってること自体、間違いなんだよね。**いい人に好かれるんだったらいいけど、あなたに嫌なことをする人に、いい人と思われたってしょうがないでしょ？

そもそも、角を立てないように一生懸命やってるから、うまくいかないんだよね。

むしろハッキリ嫌だって言ったほうが、嫌な関係はすぐに終わるものだよ。

あとね、「今度何か言われたら、言い返してやるぞ」なんて思っていると、その気迫って相手に伝わるものだから、案外、嫌なことを言われなくなります。

意地悪されるってね、嫌なことを言われたらどうしようって不安に思ってるから、本当に嫌なことを言われちゃうの。

困ったことが起きるような波動を出してるから、その通りのことが起きるようになってるんだよ。反対に、**意地悪をされても困らないと思っていれば、不思議と困るようなことは起きない**ものです。

だから、「こいつ、早く嫌なこと言わないかな」とか思ってるくらいでちょうどいいんだよ（笑）。

人生に我慢はだめだけど挑戦はいいよ

物騒な話だけど、殺人事件って、家庭内で起きるパターンがけっこう多いらしいいんだよね。

だけど、そうなるのは我慢するからです。我慢が、恨みを生むんだよね。

我慢してると、我慢から恨みがどんどん生まれてきます。そうすると、限界に達したときに、殺人とかって極端なことになっちゃうんです。


じゃあ、家庭内でどうやって我慢しないでいるか。家庭内の問題って、逃げられないことが多いよね。

もちろん、出て行けるなら、出て行っちゃえばいいんだよ。まずは、その場から離れることを考えればいい。

だけど、経済的な事情があったりして家から出ていくわけにはいかないんだとしたら、問題があってもそこにい続けるしかない。

そういう場合はどうするかって言うとね、悪口を言わない挑戦をするんですよ。問題から離れられない状態を神がくれたときに、私たちは猛然とその問題に挑戦すればいい。

例えばね、お姑さんが毎日のように悪口を言ってくるとするよね。でも、「私はお姑さんの悪口を言わないぞ。これは修行なんだ」って思うんです。

そうすると、だんだんさわやかな気持ちになってきて、いくらお姑さんに悪く言われても軽くいなせるようになる。それって、魂が成長してる証拠なんだよね。

で、そうやってると、相手も自然に変わってきちゃうんです。あんなに意地悪だったお姑さんが、このごろ何だか優しくなったぞって（笑）。

我慢するのと、魂を成長させるために挑戦するのとでは、結果が全然違います。問題に挑戦するのは自分にとってレッスンになるけど、我慢は間違いだよ。

第2章

「好き」があなたの道しるべ

大事なことは全部光の玉が教えてくれたんです

一人さんは、小さいときから神様がいるってことを知ってたんですかってよく聞かれるんだけど、知ってたんです。

私の場合は、夜になると光の玉が出てきて、いろんなことを教えてくれました。というより、光の玉が私に近づいてきて、その光に包まれた途端、疑問に思ってたことがもうわかってるんです。

神様は本当にいるということや、人間は何回も生まれ変わるということも、光の玉に教わったの。

じゃあ、何のために人は生まれ変わるんだろうっていえば、魂の成長のためなの。

魂の成長って言うのはね、神に近づくことです。で、神に近づくってことは、愛に近づくことと同じなんです。

こういうことは全部光の玉が教えてくれたし、それ以外のこともいっぱい教わった。だけど、今はもうほとんど忘れちゃった（笑）。

ただ、基本的には、今言ったことだけ知ってれば、じゅうぶんなんだよね。

それで仕事はうまくいくし、人間関係もうまくいくんです。

うまくいかないときはやり方が間違っているサイン

愛に向かって進んでいると、その中でもいろんな問題が起きます。どういう問題かは人それぞれだけど、さまざまな出来事が起きるわけです。

だけどね、うまくいかないことがある場合は、やり方が間違っているよっていう、神様からのサインなんです。ということは、どこが間違ってるか探して、それを改良すればいいいんだよね。

そうやって、うまくいくような方法を考えることを、知恵と言います。

人間は、何回も何回も死んでは生まれ変わる。やがて、神に近づいていくんだっていう大きい目標があるとね、そんなに悩みなんて生まれないものです。

あのね、**悩みの多い人っていうのは、目標が近すぎるんだよね。そうじゃなくて、もっと遠い目標を持って、その目標へ向かっていけばいい。**

人間だけが、自由意志っていうものを持ってるんです。その自由意志で大きな目標を定めて、船でいう舵《かじ》みたいなのを持つんです。そのとき、欲があったっていいんだよ。欲ってね、エネルギーみたいなものだから。

帆船だって、風がなきゃ動かない。動力がないと船は動きません。その動力になるのが、欲なんだよ。

だから目的を持ったとき、そこに生まれた欲を「目的に向かって進むぞ」っていう動力に変えて、舵をしっかり持って進む。そうすれば、人生なんてどうにでもなっちゃうんですよ。

だれにでも自分で決めてきた定めがあります

人は空の上（あの世）にいるとき、「来世《らいせ》ではこういう体験をして、こんなことを学ぼう」って決めてきます。要は、自分で人生のシナリオを書いて、キャストも全部自分で選んで、この世に生まれてくるわけです。

大きい意味での目標は、２代前とか３代前に決めてくる人もいるし、それは人それぞれみんな違うんだけどね。

とにかく人は、自分の意志で今世どう生きるかを決めて生まれてくる。

それを、定めと言います。

で、定めの通りに生きれば、自然と幸せになれるようになっています。

ところが、世の中そんなに甘くないと思ってる人がたくさんいるんです。

定めの通りに生きたら幸せになれるのに、どこかで何か理由があって、人生は甘くないと思い込んじゃったんだろうね。

そういう人には、なぜか甘くないことが起きます。世の中は甘くないと思ってる人には、まさにそう思わせる出来事が起きる。この世って、そういうものなんです。

だけど、**世の中はうまくいくものだって自分で決めちゃうと、人生はガラッと変わります。**楽しいことばかり起きて、本当に人生がうまくいくようになるよ。

構成要素を変えてごらん。起きる出来事が見事に変わるよ

不幸そうな人をよく見てみるとね、そういう人って、愚痴や泣き言、人の悪口を言っていることが多いんです。

例えばお茶は、水に茶葉が入っているよね。煎《い》れる前に茶葉を抜いたら、ただの水にしかならない。

何が言いたいんですかっていえば、物には必ず構成要素があるということです。

お茶には、水と茶葉という構成要素がある。

それと同じように、あなたに今起きていることは、そういう構成要素があるからなんだよ。

嫌なことばっかり起きるんだとしたら、自分の中に悪口っていう要素があるんじゃないかな、愚痴の要素があるんじゃないかな。そう考えてみて。

悪口は、人のことを言うこと。

愚痴は、自分の弱音。

うまくいかない人ってね、ほとんどは悪口とか愚痴とかの要素があるからだよ。

愚痴とか悪口とかってね、絶対に言わないつもりになっても、つい言っちゃうんです。でもね、言わないぞって決めたら、必ず減っていきます。

それを繰り返してると、ちょっとずつ自分が変わってくる。自分の構成要素が変わってくるんだよね。

で、**自分が変わると、世の中って見事に変わっちゃうんですよ。**

一人さんってね、ものすごく幸せなんです。

商売だって、バブルも何も関係ない。バブルのときも景気はよかったけど、バブルがはじけても景気がいいんだよ。

リーマンショック（2008年に、アメリカの投資銀行「リーマン・ブラザーズ」が経営破綻したことで起きた世界的な経済危機）だって、私には関係ないの。

なぜかって言うと、私は人の悪口って言わないし、国の悪口も言わない。アメリカのせいだとも言わないんです。

そういう人には、普通とは違う現象が起きてくるんだよね。

人生を変えたかったら今までと違うことをしてみる

もし家の中で家族が愚痴や文句ばかり言っていたとしても、自分は言わないようにすればいい。一緒になって言っても、世の中が自分の思う通りになるわけじゃないし、生活がよくなるわけでもないからね。

むしろ、言えば言うほど状況は悪くなるだけです。

だったら、相手が何を言っても、自分は言わないことに挑戦してみようって思うことだよ。**人生を変えたかったら、何か別のことをしなきゃ。**

今までと同じことをしながら別の人生を望んでも、それは無理だよ。愚痴とか悪口とか泣き言を言いながら、幸せな人生を欲しがっても絶対にできないんです。あり得ないよ。

だって、愚痴とか文句を言ってること自体、もう不幸なんだから。まずは、それをやめることだよね。

そう思って、愚痴とか悪口をやめることに挑戦してごらん。

筋肉質になりたかったら、筋トレとか体操をしなきゃいけない。それと同じで、部屋でゴロゴロしながら筋肉質になりたいって、それは無理なんです。

会社に行ってると愚痴が出るって言うんだったら、会社を辞めたっていい。

ご主人の悪口がやめられないんだったら、別れちゃえばいいんだよ。

ただね、人や環境のせいにして愚痴や悪口がやめられない人って、往々にして、会社を辞めても、旦那と別れても言い続けてるもんだよ（笑）。

あなたは幸せになるために生まれてきたんです

人は、幸せになるのが目的で生まれてきます。ということは、幸せじゃない考え方って間違ってるんだよね。

間違ってるから、苦労するようになってるんです。

私のお弟子さんたちもね、最初は「自分に商売ができるだろうか」って不安がってたんです。だけど、私のところに来ると、みんなすごい変わっちゃう。なぜかって言うとね、考え方が変わっちゃうから。

少しずつ少しずつ。

方向が変わるのと同じで、こっちに向かっていた人が、この場で考え方を変えると、その瞬間から別の方向へ進んでいくんだよね。

神の本当の意志っていうのは、みんな幸せになること。だから、幸せじゃないこと自体が間違いなんだよ。

人生の方向を変えたらその瞬間からうまくいく

よく、こういう質問があるんです。

「方向を変えただけでは、結果が出ないんですけど。ということは、方向を変えた後はまた苦労して前に進まなきゃいけないんですか?」

あのね、それは違うよ。

方向を変えただけで幸せになっちゃうっていうのが本当なんです。

幸せになるのに、時間はかからないよ。


早く結果を求めていいんですかっていうと、早く結果が出ないんだとしたら、その道は間違ってるということなんです。

幸せの道っていうのは、**方向を変えたその場から、幸せになっちゃうんだよ。**


例えばね、「俺は野球選手になるんだ」って、バットを毎日、一生懸命になって振ってるとします。

やってると、ワクワクして楽しいはずなんだよ。それが自分の道だから。

簡単に言うとね、プロの選手を目指したとして、もしプロの選手になるまで不幸なんだとしたら、その道は間違ってるということです。

その道に進むことが自分にとって本物なら、目指した時点で、もうワクワクしてくるものだよ。

芸能人になりたいんだとしたら、俳優の養成所に行こうが、舞台を観に行こうが、その道に進めばいいんです。楽しい道っていうのは、そっちに方向転換しただけでワクワクするものなんだよ。

でね、その道に沿って歩いていると、いい人と出会ったりチャンスに恵まれたりします。そこから、自分でもびっくりするような展開で、ものすごくおもしろいことが起きたりするの。

ひょっとしたら、最終的には、自分が最初に望んだ通りにならないかもしれない。ただ、ワクワクしながら自分の道を楽しんでると、どんな形であれ、最高に幸せな人生になるものだよ。

それとね、どの方向に進むのが正しいのかわからないって言うんだけど、日の当たっているほうを向けば、まぶしいに決まってます。

ということは、まぶしいほうを向けば、日は当たるんだよね。

幸せの道は、楽しくてワクワクするもの。だから、楽しくてワクワクする道に方向転換すればいいよ。

いちばん大事なのは本当に好きかどうか

楽しくないことを我慢してやっていても、そこに幸せはありません。

ところが、楽しいことばっかりしてると不幸になっちゃうと教え込まれてるから、みんな楽しいことをするのに罪悪感を抱いたり、我慢することが大事だと思ったりしてるんだよね。

だけど、**正しい道は楽しいものだから、そこに我慢はないんです。**

じゃあ、どうしてみんな、我慢するのが当たり前だと思ってるのかって言うとね、我慢が大事だって、だれかがあなたに教えた人がいるからです。

それがあなたのお母さんだとしたら、そのお母さんにも、同じように我慢が大事だと教え込んだ人がいるはずなんだよ。

よく、子どもがゲームばかりやってるとバカになっちゃうって言われるんです。

でもね、もし明日からゲームが学校の授業に入ったらどうだろう。親は、子どもがゲームばっかりすることを、ものすごく喜ぶはずだよ。

ゲームばっかりやってるとバカになるって、そんなわけありません。ゲームばっかりやってたおかげで、大人になってからゲームの開発者になって大成功したり、プロのゲーマーになって大活躍したり。そういう人は現にいるんです。

ゲーム向きの子どもっているんだよね。そういう子は、ゲームをやってりゃいいんです。

もちろん、学校の勉強をやらせちゃいけないっていうんじゃないんだよ。

要は、勉強が本当に好きかどうか。

ゲームが好きならゲームをすればいいし、勉強が好きなら勉強をしたほうがいい。

好きなことをしているかどうかが、いちばん大事なことなんです。

正しい道って世間の常識と違うこともあるよ

私のお弟子さんにね、柴村恵美子《しばむらえみこ》さんっていているんです。でね、あるとき、恵美子さんの講演会に来ているお客さんがこう言ったんです。

「恵美子さんの講演会を聞くようになったら、学校へ行かない子が行くようになりました。よかったです」

だけど、本当によかったのかな。

学校へ行くのがいいことだっていう前提のもとに話してるから、学校へ行くようになってよかったと言ってるんだけど、その子は本当に学校へ行きたいんだろうか。

もし、その子が学校へ行きたいと思って行き始めたんならいいけど、そうじゃないのに我慢して行くようになったんだとしたら、よかったとは言えないと思うんです。

大事なのは、本人が学校へ行きたいのか、行きたくないのか。そのことを、先に考えないといけないよね。

あのね、学校に向いてない子っているんです。

それなのに、学校へ行ったからよかったって言うのは、頭が常識に汚染されてるんだよ。刷り込まれてるの。どっかで、だれかに刷り込まれたんだよ。

神の道ってね、世間の常識とは違うこともあるんです。

目の前で起きてることを、そういう目で見てごらん。おのずと、自分にとって何が正しいか、よく見えてくるはずですよ。

人間って好きなことのためなら行動できるんです

韓流《ハンりゆう》スターに、BIGBANG《ビッグバン》っていう人気グループがいるんです。でね、もしBIGBANGが好きなんだとしたら、彼らの音楽を聴くとか、コンサートを観に行くとか、素直にすればいいの。そうすれば、その人は幸せなんだよ。

コンサートに行こうって決めたら、チケット買ってるうちから、もう幸せになっちゃうんです。行こうって決めたときから幸せなんだよね。

そういう幸せの道があるのに、それを行かないって言って閉ざす人がいるんです。

コンサートに行けば幸せになれるんだから、行けない理由を探したり、我慢したりしないで、素直に行けばいいのに。

人間ってね、うまくできてるんです。

今の日本で餓死者がめったにいないのは、腹が減ったら必死に働くとか、ご飯を食べる方法を考えるとかするからだよね。

それと同じように、どうしてもBIGBANGに会いたい人は、BIGBANGのコンサートに行こうとするんだよ。何としても、チケットを手に入れようとする。

アルバイトをするとか、ご飯を食べるとか。

アルバイトをするっていうのは、チケット代がなければ仕事くらいするよねっていう話。

ご飯を食べるっていうのは、「腹が減っては戦ができぬ」と言うように、お腹が減ってたらコンサート会場まで出かけられないでしょ。そういう意味です。

人はね、欲しいものがあれば、それを手に入れるために行動するようになっているんです。

「そんな趣味みたいなことばかり楽しんでたらおかしくなっちゃうよ」って言う人も

いるかもしれないけど、そういうことをさせないからおかしくなってるんだよね。わかるかな？

思ったことは引き寄せられる

はなゑちゃん（弟子の舛岡《ますおか》はなゑさん）ってね、おしゃれが大好きなんです。だから、おしゃれをするために働くんです。

1000円のTシャツだっておしゃれはできるけど、それ以上お金のかかる服が欲しいんだったら、それを買えることを目標に仕事をしてお金を稼げばいいんだよ。

だって、目的はそれなんだから。

みんな好きなことを目的に定めるのを嫌がるんだけど、**好きなことを目的にするからこそ行動できる**んだよね。

でね、「好きなことばかりしてたら、人生ダメになるんじゃないですか」って言う人は、そう思ってるから、好きなことをしたらダメになっちゃう人生なんです。

もう自分で引き寄せてるんだよね。あなたが念力のように思いこんでいることが引き寄せられて、それが現実になる。

それで正しかったですか？
あなたは幸せですか？

私は、そういう話をしているんです。で、幸せじゃないんだとしたら、その道は間違ってるんだよ。よく、自分に問いかけてみるといいですよ。

幸せに限度はないんだよ

私たちは、幸せになるために生まれてきたんだよ。
幸せって言うとね、自分勝手なわがままな人とか、意地悪な人を想像するかもしれない。「人に迷惑をかけてるのに気にしないで生きていられるなんて、幸せな人ね」って。

だけどね、自分勝手でわがままな人や意地悪な人って、みんな不幸なんです。だって、幸せでそんなことしてる人いないもの。

自分が幸せでしょうがないとき、人の悪口を言ってる人っていないよね。だから、人を不快にさせるようなことをする人っていうのは、たいてい不幸なんです。

でもね、私はね、人の悪口を言ってる人にこう言いたい。

「あなたは、もっと幸せになれるよ」

人に意地悪してること自体が、まだまだ幸せになれる余地があるってことだから。

人よりうんと振幅がある。

それが、神の道なんだよ。

このままじゃダメになっちゃうよって言うのは、神を信じていないからです。

あなたには神がついてるし、守護霊もついてるし、指導霊もついてる。だから、**どんな人でも絶対に幸せになれるし、困ったことは起きないんだよ。**

第3章

人生は楽しい学びであふれている！

世の中って本当に甘いんです

「世の中そんなに甘くない」って言う人もいるけど、それは甘くないと思い込んでるあなたがいるだけ。その甘くない出来事は、あなたが引き寄せた現実なんです。じゃあ、世の中は甘いと思っていいんですかっていえば、甘いと辛いとかの問題じゃなくて、目的を持ったら、その目的に向かえばいいだけのことです。

アメリカに行くんだっていう目的を持ってたら、アメリカに興味を持って、よく調べるようになるでしょ。無意識にアメリカの情報にもよく気づくようになって、そのための旅費も貯まって、どんどんアメリカ行きに近づいていく。そんなもんだよ。

この世には、神の法則があるんです。

例えばペンを持って、その手を離せばペンは下に落っこちるよね。それと同じことで、目的を持ってそこへ向かおうとすれば、目標に絶対に行き着くようになってるんです。自然現象と同じです。

だけど、世の中は甘いと言えば甘い。本当に甘いよ（笑）。

どういうことかって言うとね、社会って、何回失敗してもやり直しがきくんです。大学受験みたいに、試験に落ちたら次の試験をもう1年待たなきゃいけないとか、そういうんじゃない。社会では、毎日が試験なんだよね。

失敗したら、毎日、改良できる。

だから、本当に甘いんだよ。わかるかな？


私たちはこの世に利口になるために生まれてきてるから、うまくいかないことがたくさん起きます。だけど、**うまくいかなくても、自分があきらめるまでやっていいんです。**

でね、うまくいかないということは、何かあなたが間違ってるんだよってこと。だから、そこが改良の場所なんだよね。

これは自分が間違ってるんだなって、改良すればいいだけです。

失敗するたびに見えない階段を上がってるんだよ

なかなかうまくいかないって言うけど、どんなことでも最初っからうまくいきっこないよ。逆上がりだって、いきなりうまくできるわけないよね。

でもね、人生には見えない階段があって、失敗するたびに、その階段を1段ずつ上がってるんです。ということは、99回やって100回目に成功したときは、階段を100段上がってるってことなんだよ。

よく言う失敗っていうのは、ほんとは失敗じゃないよ。

神の失敗は、挑戦しなかったことだけ。

やりたいことをやらなかったら、それを失敗と言うんです。

もちろん、いくら自分のしたいことでも、法律に触れるようなことはダメだよ。だけど、そうじゃないんだったら、なぜ自分のやりたいことをしないんですかって言いたいの。

私たちは、自分の好きなことをしに来たんです。

で、だれにでも、やれることって絶対にあるんだよ。

思い込みをなくそうよ。したいことができる方法はあるからね

お弟子さんの恵美子《えみこ》さんってね、歌手になるのが夢だったんです。歌手になって、ディナーショーをしたかった。

その恵美子さんに、私はこう言いました。

「歌手になる前に、ディナーショーやっちゃいな」

あのね、歌手にならなくたってディナーショーはできるんです。レストランかどこか借りて、自分で開けばいいだけのことだから。

歌手にならないとディナーショーをやっちゃいけないっていう法律があるわけじゃないよね（笑）。

で、やってみたら、ちゃんとできた。それだったら、毎年すれば、10年で10回も

ディナーショーができるんだよ。

やれないと思うことがあるときって、たいてい、そう思い込んでる自分がいるだけなんです。

そりゃ、絶対にやれないことってあるよ。どうしても空を飛びたいからって、いくら両腕で羽ばたいたって飛べない（笑）。

だけど、飛行機を作るとか、グライダーを作るとか、何とかして空を飛ぶ方法はあるよね。

で、それを考えられる人は、空を飛ぶことを願って、飛行機を作ることに燃えるんだよ。

人は放っておくとうまくできるようになってるんです

飛行機を作りたい人っていうのは、飛行機を作ることに燃える。空を飛びたい人は、いちばん最初に自分が飛行機に乗ることに燃える。

そういうのがちゃんと振り分けされてるから、この世はうまくできてるんだよね。

ジェットコースターに乗りたい人もいれば、見てるほうが好きな人もいるよね。設計するのが好きな人もいる。

世の中には、いろんな人がいるから、うまく回ってるんだよ。


私はね、宇宙には興味がないんです。ブラックホールとか暗黒物質とか、全然興味がない。

神の仕組みとか、魂がこういう性格だからとか、そういうことを利用して幸せになるのは好きなんだけど、科学的な話って私には向いてないんです。

でも、そういう話が大好きな人もいるよね。だから、科学的なことは、そういうのが好きな人が研究すればいいと思ってるんです。

どっちがいいとか、いけないとか、そういう話じゃないよ。**好きなことをやればいいって話**だからね。


人はね、放っておくとうまくできるようになっています。

はなゑちゃんはファッションが好きだけど、そのいっぽうで彼女に似合う服を一生懸命、研究してくれている人がいる。

はなゑちゃんは、素敵な服を買うことができてうれしい。服を作ってる人は、はなゑちゃんみたいに服を買ってくれる人がいてくれてうれしい。

どちらも、いないと困るよね。だから、うまくいくようになってるんです。

好きなことは探せば必ず見つかるよ

よく、「私は好きなことがないんです」と言う人がいるんだけど、本当に好きなことがないかどうかは、よくよく考えてみるといいよ。好きなことがないと思い込まされちゃってるケースが多いから。

一から考え直すんです。

例えば、死ぬ前に一つだけ何か食べられるとしたら、何を食べようかって考えてごらん。寿司屋に行って、一貫しか食べちゃいけないとしたら、何を食べようかなって。

そういうことから、自分探しをしてみるわけです。

あのね、好きなものがないって人は、恐らく子どものときに、自分の好きなものを言える場がなかったとか、言うと酷《ひど》い目に遭ったとか、何か自分の気持ちを封印するような出来事があったんだよ。

お母さんが、「どれがいいの？」って聞くから、「黄色い靴下がいい」と言った。それなのに、「これはダメでしょ」とかって否定されちゃうと、子どもって傷つくんだよね。

で、それを何回もやられちゃうと、自分の意見は言わないほうがいいと思い込んじゃうんです。自分の意見はなかったと思い込んで、封印してしまう。

だから、大人になっても自分の意見を言えないんだよね。

そういう人は、自分探しの旅を始めたらいい。どっからって言うと、ちっちゃいときから。**自分は何が好きだっただろうかって考えるといい**んです。

親の意見を子どもに押しつけちゃダメなんです

親の言いなりになるのって、いい子に多いよね。だけど、親の言いなりになっちゃってると、自分の意見がなくなっちゃうんです。

私に言わせれば、親が意見するんだったら、それを親が自分でやればいいんだよね（笑）。

大学に行きなさいとか、そろそろ結婚しなさいとか子どもに言うんだったら、自分が大学に行けばいいし、もう1回結婚すればいい。

そう一人さんが言うとね、みんな黙っちゃう（笑）。

私が中学生のときにね、学校の先生から「規則は守れ」と言われたんです。だけど、私はこう思ったんだよね。

「俺に相談もなく作った規則を何で守らなきゃいけないの？　じゃあ、俺が規則を作ったら、先生は守ってくれるの？　なぜ、人の言うことを聞かなきゃいけないんだ」

あのね、私は自分のやりたいことをするために、この地球に生まれてきたんだよ。

言いたいことを言いに来たのであって、人の意見を聞きに来たんじゃない。

人の話を聞いちゃいけないって言うんじゃないよ。

人の意見を聞いてうまくいく人っていうのは、聞いてると楽しくてワクワクしてるんです。だから、そういう話だったらどんどん聞けばいい。

親の意見を聞かないのは親より素晴らしい意見があるから

子どもってね、「親の言うことを聞かない自分は悪い人間だ」って思い込んじゃうんです。でも、私に言わせると、親の意見を聞かない人っていうのは、親より素晴らしい意見を持ってるからだよ。

それを、親の言うことに我慢して我慢して、それで最後に爆発したみたいになって逆らうから、おかしなことを言い出すんだよ。

爆発するくらいだったら、最初っから聞かなきゃいいんです。初めから自分の意見を言えばいい。

親に意見を押しつけられてばかりいるとね、どっかで反発したくなるの。そうすると、目的が反発になっちゃうんだよね。

私はね、いつもお弟子さんに「何が好きだい？」って聞くんです。で、**必ずその人の好きなものから始める。**

これ、意外と簡単なんだよ。

女の人で、旅行が好きだって言ったとする。じゃあ、旅行するためにお金がいるよねって話になるんです。

で、お金は好きかって言うと、みんな、けっこうお金も好きなんだよ（笑）。だったら、好きなお金を儲《もう》けて旅行するために顔晴《がんば》ろうよ。楽しく仕事しようよって。

そうしたら、ワクワクしながらお金を稼ぐことができるから。

お金って、単体で考えるからイメージが悪くなって、お金は汚いだとか、そういうことを言う人が出てくるんだよね。

だけど、お金で欲しいものが買えるんだと思ったら、お金を稼ぐことが楽しくなる。楽しく顔晴れるんです。

ある人が500万円をだまし取られて……

あるとき、私の元にこんな相談が寄せられました。

「ある先生についていったら、500万円だまし取られてしまいました……」

その人はね、だまされてついお金を出しちゃったと言うんだけど、500万円って、つい出しちゃうような金額じゃないよね。

ということは、その人はお金の値打ちがわからなかったんです。500万円っていう、お金の重みを知らなかったんだよ。

あのね、つい出しちゃうっていうのは、30円とか50円とか、その程度です。せいぜい、2000円までだよね。

お金は、出す前によく考えないと。

で、出してしまった後にどうしようって、それはもう、どうしようもない。**学ぶしかないんです。**

その人は、500万円出して学んだんだよね。500万円出さなきゃ学べなかったんだよ。

私のお弟子さんのみっちゃん先生はね、20代のとき、うつ病で苦しんでたことがあったんです。そのとき、やっぱり拝み屋さんとか占い師さんが好きで、通ってたんだよね。

そういう人ってね、どこかでひっかかっちゃうことがある。

当時、みっちゃん先生は普通のOLさんだったから、そんなにお金もない。で、私はいちばん最初に、こうアドバイスしました。

「みっちゃんね、拝み屋さんでも何でも行くのはいいけど、命を助けてもらっても2000円までしか出しちゃダメだよ」

だから、みっちゃん先生は、最高でも2000円しか出したことがないんです。それくらいの金額だと、後になって「だまされた」とか、そんなことも思わないで済むわけです。

お金は自分の器量以上には持てないよ

お金って、自分の器量以上には持てないんです。その人の持てる器量ってのがあるんだよね。

だから、お金の価値がわからない人は、学ばなきゃいけない。そうすると、学ぶきっかけになるような出来事が起きるわけです。

中には、マイナスの人もいるよ。そういう人は、持ってるお金を全部吐き出すだけじゃなくて、借金まで背負っちゃうの。

でもね、それはそれで学んでいるんです。

ちなみに私が見たところ、お金の問題が多いのは、だいたい男の人です。

女の人でお金の問題を抱えているのは珍しいんだよね。それくらい、女性ってお金のことはクリアしてます。

じゃあ、女の人は何が問題になりやすいかって言うと、人間関係なんです。あの人があぁ言ったとか、こう言ったとか、のべつまくなしなの。これはしょうがない。

だからね、**女性の場合はお金のことは悩みの2割で、人間関係が8割くらい。**

反対に、**男性は人間関係で問題を抱えることはあまりなくて、その代わりお金の悩みが8割くらい**ある。

経済観念に関して言えば、女性のほうがあるんです。

大切なものがたくさんありますか？

困ったことが起きるのは、本来、困る前からもう困った状態があるということなんです。

さっき、500万円だまし取られた人の話をしましたが、きっと心のどこかで、「人生はお金じゃない」とか、「お金より大切なものがある」とか思ってたんだよね。

確かに、世の中にはお金よりも大切なものはあります。だけど、お金も大切なんです。

車だってね、エンジンさえよければって言ったたって、ガソリンがなきゃ走らないんだよ。それと同じように、人生ではお金も大切。友情も大切なんです。

問題が起きるってことはね、そのバランスが崩れてるということ。

だから、お金がなくなってみて初めて、お金ってこんなに大切なんだって、そのありがたみがわかるんです。

さっきの人は、お金を出すと生きることが楽になって、幸せが来ると思って500万円出したのかもしれません。

だけど、500万円寄付すれば幸せになるよっていうのは、そう言ってる相手が幸せになるんだよね、500万円もらって。

この世の中はね、大事なものが残るようになっています。

ハンドバッグが好きな人は、ハンドバッグが残ってるの。人が大切な人は、人が残ってる。お金が大切な人は、お金が残ってるんです。

それを選り分けちゃいけないんだよ。

「私はお金だけが大切です」とかって、そういう欲のないこと言っちゃダメなの。お金も大切だけど、友達も大切。女性も大切（笑）。

大切なものを1個にしぼることがおかしいんです。大切なものって、いっぱいある。

というより、いっぱいなきゃいけないんだよ。

車なら、エンジンも大切だけど、タイヤだってハンドルだって、全部大切。でね、車も大切だし、家も大切だし、友達も大切。大切なものって、自分の周りにいっぱいあるの。

あなたは、たくさんの大切なものに囲まれてるんだよ。

友達が欲しければ自分がいい友達になろう

ミカンがいっぱいあるとね、腐ったミカンは箱の外に出すよね。だけど、自分の持っていたミカンが全部腐っていたら困るよね。

腐ったミカンを取り出したら、何も残らない。食べるものがないわけだよ。

何が言いたいんですかっていえば、自分にはいい友達がいないという人は、腐ったミカンしか持っていないのと同じ。大切なものが少なすぎるんです。


大切なものがいっぱいあれば、いっぱいのなかにたとえおかしなやつが混じっていても、あいつとは付き合わないとかってできるよね。嫌な人と付き合わなくても、ほかに素敵な人が自分の周りにいるから、全然困らない。わかるかい？

この日本だけでも、人間は1億2700万人もいるんです。なのに、なぜ嫌なやつと付き合ってるのって（笑）。

親友なんて、たかだか1人、2人しかいないのに、どうしてその枠の中に嫌なやつを入れなきゃいけないの？　おかしいよね。

そういう人を見てると、友達がいないとかって言うんだけど、要は仲間がいないんです。だけど、仲間がいないなんてことがおかしい。

だって、周りじゅう人だらけなんだから。しかも、いい人のほうが多いんだよ。

じゃあね、友達ってどうやって作ったらいいんですかっていえば、相手に対して、自分がいい友達になればいい。いい友達を求めるなら、まずは自分からいい友達になること。

そうすれば、友達なんていくらでもできるよ。みんなね、自分がいい友達になろうとしないで、先に友達を求めるからできないんです。

自分はほんとにいい友達なんですか? いい仲間に恵まれていないんだったら、まずはそこから考えてみるといいよ。

第4章

「法則」がわかればうまくいく

人から「ありがとう」を言われるようにしてごらん

「ありがとう」って言うのがすごくはやったことがあるんです。そのときに、ありがとうばっかり言ってる人がいたの。

いや、ありがとうって言うのがいけないわけじゃないよ。ありがとうって言えるようになったことは、いいことなんだよね。

そうじゃなくて、話してる間じゅう、「ありがとう、ありがとう」って何度も言う人がいるわけです。

あのね、こっちがしゃべりづらくてしょうがないんだよ（笑）。

ありがとうって言うのはわかったから、今度は人からありがとうって言われることを考えなって。

人の話も聞かないで、やたらありがとうばっかり言われても、話す方はしゃべりづらくてしょうがないよね。

もう、その次の段階に進もうよって。

じゃあ、次の段階は何ですかっていうと、人からありがとうを言われることです。

例えばお蕎麦屋《そば》さんで自分の注文したお蕎麦を持って来てもらったときに、いつもありがとうって言ってるとね、自分も人からありがとうって言われるようになります。


他人は鏡と同じなの。


友達が欲しいなら、自分がまずいい友達になればいい。自分が優しくなれば、優しい人が寄ってくるんだよね。

自分からありがとうを言えば、相手もありがとうと言ってくれる。

だけど、そう言うべきタイミングかどうかも考えないで、ありがとうばっかり言ってってもしょうがないんです。赤ちゃんがハイハイを始めたら、親ならよかったねって思うでしょう。でも、その赤ちゃんが歩き始めることなく、一生ハイハイばかりしてたら、困っちゃうよね。それと同じ。

ハイハイができるようになったのはいいことだけど、その次は立って歩かなきゃいけないんだ。わかるかい？

もっと言うとね、大人っていうのは、人が転んでたら助けてあげられる人のことなんです。

一つのことをできるようになったことはいいんだけど、必ず次の段階があるよ。それもできたら、**もっと上の段階に進みなって**言いたいわけ。

人からありがとうを言われるようにしてごらんっていうのは、そういう生き方をするといいよって意味なんです。

ゲームにするとおもしろくなって身につくよ

一人さんの教えって、どれも当たり前のことなんです。だけど、私が人に教えるときには、必ず「ゲームにしな」って言う癖《くせ》があるんだよね。

例えば「ありがとう」を毎日言おうって目標にするんだったら、1日に何回言うか回数を決めてやりなって。4回って決めたんだったら、毎日ゲームみたいに4回を目指して言うの。

そうすると、人生が変わるよって。

でね、こういう話をすると「一人さんもやってるんですか？」って聞かれるんだけど、私はそういうゲームはやったことはないんです。

私にとってはありがとうを言うことも、人からありがとうを言われるように生きることも、当たり前になってるから。ゲームにしなくてもできちゃう。

そういうのは、もう前世《ぜんせ》だとかその前に済ませちゃってるんです。

ただ、**世の中にはそれが当たり前にできない人もいるから、そういう人はゲームにするとおもしろいからやってみなって**言うんだよね。

100言ってた愚痴が1つ減っただけで大成功

ゲームにして、今まで100回言ってた愚痴が99回になったとします。

これね、1回減っただけでも大成功なんです。「ちょっとしかできない」じゃなくて、そのちょっとができたら、ものすごい成功だよ。

あのね、世の中には段階があるんです。

できないことを無理にやろうとしてもできないし、無理にしなきゃできないんだとしたら、それはあなたがやらなくていい人だってことです。

もし、この本を読んでも全然できなかった場合、それは本を読んだだけでじゅうぶんな人なんです。来世《らいせ》か再来世で役に立つかもしれないから、それでいいの。


それと、完璧にやろうとするからできないんですよ。

ともかくね、１００回のものが99回に減るだけでもスゴい！　時々できただけでも、スゴいです。

赤ちゃんが寝返りを打ったら、それはものすごいことなんです。その次にハイハイしたら、それもまたすごい。伝い歩きをしてもすごいんだよね。

同じ人間でも、でんぐり返しすら危ない人もいれば、オリンピックの体操選手みたいな人もいるんです。空中3回転して、ピタッと止まったりとか（笑）。

だけどね、全部オッケーなんです。わかるかい？

みんな、そのままでいいんです。そのままのあなたで、幸せになれるのだから。

急いで成長しなくてもいいんだよ

自分がまいた種だけは、自分で刈り取らなきゃならないんです。だから、悪口を言ってしまったり、愚痴を言ってしまったりした場合は、その結果出てきたものを自分で刈り取らなきゃいけないんだよね。

それって大変ですねってことじゃなくて、こういう話を知ってたらじゅうぶんだよってことが言いたいんです。

人は何回も生まれ変わります。ということは、私たち人間は永遠の命だから、死ぬことができません。

こちらの世界で死ぬと、あの世で生まれる。で、あの世で死ねばこちらで誕生するから、魂には永遠に死というものがないわけです。

ということは、そんなに急いで魂を成長させる必要はないってことなの。**まだまだ**

先は長いから、ゆっくりでだいじょうぶ。

たとえ地球が終わったとしても、魂はよその星へ行くだけ。絶対に魂がなくなることはないから、安心していいんだよ。

じゃあ、「なぜ魂は成長したほうがいいんですか」っていう質問にお答えしますね。魂を成長させたい人っていうのは、成長することが楽しいんですよ。だから悪口でも何でも、言わないほうが楽しいの。

普通なら言っちゃうところを、「今日は言わなかったな」とか、それが楽しいんです。で、楽しいから続いちゃうんだよね。

悪口を言いたくてしょうがない人も、言ってるのが楽しいからです。

ただ、そういう人が「悪口を言うことは、自分に不幸を呼ぶんだ」ってことにちょっと気づいただけで、100回言うのが99回に減ったりする。1日1%ずつ減らしたって、100日かければゼロになっちゃうからね。

私たちには永遠の命がある。人間やめちゃっても、魂は永遠に生きているんです。

だから、ゆっくり成長すればいいんだよ。

人間には未熟さも必要です

それとね、人間には未熟さも必要なんです。

例えば、宇宙に地球という惑星が1個しかないと、地球が大きいかどうかもわからないよね。

月だとか、火星だとかっていう、比較するものがあるから、地球が大きいとか小さいとか、固いとか柔らかいとか、そういうのがわかるんです。

こっちのコップには水を入れて、もう一つにはお茶入れるとします。

そうすると、こっちはお茶の緑色で、こっちは水だから透明だっていう比較ができる。それで初めて、色の違いもわかるよね。

それと同じように、人間にも嫌なやつがいるから、いい人がわかる。いい人しかいなかったら、いい人か、悪人かもわからないよね。

結局、1人しかいないっていう状況は、学びにならないんです。

1はゼロと同じ。比較する対象物がないから。

でね、未熟だから自分の成長もわかるし、未熟な人とか成長の遅い人がいるから、成長の早い人もわかるんです。

成長が遅いからいけないとかじゃないよ。

私たちはものすごく長いスパンで生きてるから、ゆっくりでかまいません。

で、そのことが問題じゃないの。

もっと大事なのは、**学びの悪い人とか、学ぼうとしない人をゆるすことです。そして、そういう人たちをゆるすためには、自分の未熟さを知ること**だよね。

人をゆるすにはまず自分をゆるすこと

人をゆるすためには、自分をゆるせなきゃいけません。

あのね、私は学校時代、学校も行かなきゃ宿題もやっていかないし、先生の言うことも聞かない。親の言うことも聞かなかったの。

ただ、ほかの人と違ったのは、私はそういう自分のすべてをゆるしてたんだよね。自分をゆるせてる。

普通の人は、劣等生だとか何だって、自分を責めちゃうの。親の言うことを聞かなかったとか、学校の成績が悪かったとか。

でもね、私は**自分をゆるせるから、人のこともゆるせる**んです。

自分の出来の悪いのをゆるせるとね、人の出来の悪いのってゆるせるものなの。

人をゆるせる人のそばって居心地がいいから、あちこちから人が大勢集まってくるんですよ。で、集まってきた人が幸せになることを考えたりなんかしてると、神様からうんといい知恵がもらえたりするんです。

そういう法則がわかっちゃうと、幸せになることって簡単なんだよね。

この世界は早いものが正しいんです

私はときどき、ポツン、ポツンといろんな人に知り合うんです。だれかが連れてきたりして。

最近で言うと、大衆演劇で素晴らしい舞を見せてくれる恋川《こいかわ》兄弟（恋川純弥《じゅんや》さんと、恋川純《じゅん》さん）とかね。

そうすると、その人たちの役に立つことをしてあげようと思うわけです。自分のできる範囲で、無理しないでできることをね。

私のお弟子さんたちは、みんな億万長者になりました。そうすると、奇跡だって言われるんだけど、奇跡なんかじゃないよ。

ただ、私ができることをしてあげただけ。試験会場に行って、お弟子さんの代わりに、私が問題を解いてあげてるようなものなんです。

それをやってるうちに、お弟子さんたちは私がやってるのを見て、自分でちょっとずつ成長したの。

難しいことじゃないんです、だれにでもできることなんだよね。

普通はお弟子さんの仕事を手伝っちゃいけないとか、お弟子さんの実力そのものをつけてあげようとかって思うんです。だけど、そんなことより、私がしてあげたほうが早い。

この世界にいる間は、なぜか早いものが正しいんです。


人はみんなそれぞれ、優れているところがあります。

ただ、事業のことや、修行のことがわからないっていう人もいる。それなら、できる人がやってあげたらいい。そして、できることをどんどん教えちゃうの。

そうすると、できない人はできる人がやってることをじーっと見ているだけで、いつの間にか自分も覚えていくんです。

しかも、それにプラスして自分の個性的なものが出てくるから、もっとよくなっちゃうんだよね。


世間では、まずは実力だとかって言うけど、それって本当なのかなって思う。

私は、世間が正しいと言ってることを、何でも「本当なのかな?」って思う癖がある。よくよく考えて見ると、本当のこともあれば、そうじゃないこともあるんだよ。

学校では、試験の解答を見せ合っちゃいけないよね。それはわかります。

だけど、学校じゃないところでそれをする意味ってわからない。

私は、仲間は助け合うべきだと思っています。で、よその会社とは競い合うべきだと思っています。

時と場合によっては競い合うことが正しいし、ここは助け合いが正しいんだっていうときもあるんだよね。

普通の人の助け合いは競争することだよ

助け合いって、明らかに困ってる人を助けることを言います。

杖《つえ》をついてる人が車の多い道を渡ろうとして困っていたら、一緒に道を渡ってあげて手助けすればいい。そういうのを助け合いと言うんです。

だけど、普通の人は、競争することが助け合いなの。

例えば車を作るメーカーだったらね、A社とB社が競争して、それぞれいい車を作ることが助け合いです。もし、お互いが手を組んで技術開発を遅らせちゃうようなことがあったら、これは助け合いじゃない。一般の人たちは困るでしょ。

神が言っている助け合いっていうのは、そういうことなんです。明らかに病人だとか、ケガをしてる人だとか、そういう弱った人たちには保険なんかの保証をかける。

でも、**健康で元気な人は、競争しなきゃいけない。**

ピッチャーは打てない球を投げ、バッターはその球を何とかして打つ。そうやって競い合うから野球というスポーツも人気が出てくるんだよね。それを、裏で口裏合わせてインチキしてたら、野球自体がダメになります。

どんな企業でも、競い合うことが助け合うことなんだよ。そうすることによって、一般の人たちの役に立つ。競い合って、負けないように顔晴《がんば》るの。わかるかい？

テレビコマーシャルをやめても売れる！

うちの会社ってね、『スリムドカン（ダイエットのサプリメント）』っていう商品のテレビコマーシャルを流していた時期があるんです。一度見たら忘れられないような、すごく印象的なコマーシャルなんだよね。

昔は、サプリメントってテレビで宣伝できなかったんだけど、それが時代の流れとともにある時期からできるようになった。で、広告代理店の人から、「コマーシャルをしませんか」という話をいただいたので、それじゃあって出したわけです。

でも、今はもうテレビコマーシャルをしてないんだ。

その理由はね、みんな信じられないかもしれないけど、**テレビで宣伝しようがしまいが、売り上げはほとんど変わらなかったから**です。


昔ね、こういう話がありました。

ある会社が、肉まんのテレビコマーシャルをしてたんです。で、すごく売れてたんだけど、ある日、社内でこういう話になりました。

「うちの肉まんは、テレビで宣伝してるから売れてるんだろうか。それとも、肉まんがおいしいから買っていただけるのか」

そういうわけで、試しにコマーシャルをやめてみたところ、売り上げは同じだったというんです。

わかりますか？

肉まんでも、うちの会社で販売しているような化粧品やサプリメントでも、欲しい人は欲しいんです。

だから、テレビで宣伝しようがしまいが、売れるんだよね。

私は自分もテレビやなんかに出たくないほうだし、うちの商品もテレビで宣伝しなくていいやって考えて、今はテレビコマーシャルをやっていないわけです。

基本的に私は、お弟子さんとか、うちの会社の仲間とか、私自身が生きていけるだけのお金とかが入ってくればいいという考えなんです。

で、普通は「税金を払うくらいなら、テレビコマーシャルでもやって経費を増やそう」ってなるんだけど、私の場合は、「それだったら税金を払ったほうがいい」と思っちゃうタイプなんです。

どっちが正しいとか、そういう話じゃないんだよ。

テレビで宣伝するほうがワクワクする人はすればいいし、私みたく税金払うほうがいいって思うんだったらそうすればいいだけなんです。

仕事は自分がワクワクする方法でやればいい

宣伝もしないのに売れる。そういうほうが、一人さんはうれしいんです。自分にとってのワクワク感って言うかね。

生活していくのに困らないだけは商品が売れるから、うちの会社ではテレビでコマーシャルを出す必要がないんだよね。

孫正義《そんまさよし》さん（ソフトバンクの創業者）みたいに、仕事をどんどん大きくしていきたい人もいる。それはそれで、本人がワクワクしてるんだったらいいんだよ。

すばらしいことだよね。

だけど私は、ちっちゃい会社でどのくらいの売り上げが出せるかっていうのが楽しい。そういう人もいるんだよね。

テレビでのコマーシャルをやめても、その前と同じか、それ以上の売り上げを上げるにはどうしたらいいか。

これ、普通に考えると難しそうでしょ。でも、そうやって自分で自分のハードルを高くしていくのが楽しいんです。

だから、あえてだんだん難しくしてるわけです。

そうやって**ハードルをどんどん上げて、最後になってくるともう、人知を超えたことでしか成功できなくなるんだよね。神が味方してくれなきゃ、絶対に不可能になってくる。**

研究員なしで物を作っちゃうとか、社員数人だけで日本じゅうの販売店をサポートするとか。

これは、私の力ではないんです。どう考えても、神様が味方してくれてるとしか思えないんです。

一人さんを真似できるところはたくさんあるよ

テレビの力を借りて会社を大きくしたい人がいれば、私みたいにして売り上げを伸ばそうって思う人もいる。

この社会には、両方いるんです。ただ、私みたいなタイプは圧倒的に少ない。で、どうしたら一人さんみたいにできますかっていえば、それは教えられないんですよ。いや、ケチで教えないって言うんじゃないよ（笑）。

私の場合、なぜかいきなりできるようになったんです。練習してできるようになったことじゃないから、教えようがないわけです。

昔、美空《みそら》ひばりさんっていう歌手がいました。もう亡くなってる人だけど、女性として初めて国民栄誉賞を受賞するくらい、ものすごく歌がうまかったんだよね。

で、もし美空ひばりさんが生きていたとして、「どうしてあなたはそんなに歌がうまいんですか？」って聞いたって、おそらく答えられないと思います。

なぜって、彼女は生まれつき歌がうまかったんだよね。

それと同じように、一人さんみたくなる方法って教えられないんです。

仮に、私が何とかして教えられたとしても、同じようにはできないと思います。

美空ひばりさんが、「こうやって歌いなさい」と言ったって、だれも同じようには歌えないよね。わかるかい？
じゃあ、こうして本を出す意味なんてないじゃなかって言うけど、それも違うの。
その中でも、できることってたくさんあるんです。

笑顔でいる。
愛のある言葉を使う。
人の悪口や愚痴を言わない。

これだけでも、すごいことなんです。こういうことができるだけで、ものすごい幸せになれるよって。

ときには愛のあるウソも必要だよ

それとね、正直であることが愛だと思っている人も多いんだけど、これはちょっと注意が必要なんです。

人って、本当のことばっかり言ってると、傷つくことがあります。だから、たまにはウソをつくことも大事なときがあるんです。

そういうウソを、愛のあるウソって言います。

例えば、ここ数カ月で体重がずいぶん増えて体型を気にしてる人に、「すごい太ったね」って言わないでしょ。そんなの、思ったとしても言っちゃいけないよね。あるいは、会いたくない人がいた場合、本当は暇でも「用事があって行けないです」って、きれいに断ったりするのも愛のあるウソなんです。

でね、本人がいいと思って言ったことでも、人を傷つけることがあるの。「あなたのご主人さん、浮気してたわよ」とか、「ご主人が浮気してるみたいだから、あなたも自由にすればいいわよ」とかね（笑）。

そういうのって、うれしくとも何ともない。だから、本当のことを言わないでおくってことも、ときには大事なんです。

第5章

ズバリ、成功の秘訣を教えます！

成功の極意は「自分だけは成功する」という思い込み

成功のコツはね、自分だけは成功すると思って行動することに尽きます。

あのね、「みんなはこうだから」とか、みんなの話を持ち出しちゃダメなことってあるんだよ。みんなと自分を一緒にすると、できない人のほうが多いから、自分もできないってことになっちゃうんだよね。

だけど、**自分だけは成功できると思っていると、神が味方してくれて成功できる。**

例えば、今、出版業界が不況だって言われています。だけど、それはほかの人の問題で、一人さんが出したものだったら売れるんです。私は、そう思ってるんだよね。

人は、全員違います。みんなとあなたは、違うんだよ。

自分が本当にやりたいことってね、自分のためだよね。

だけど、それが世のため人のためにもなることだったら、より優秀な守護霊や指導霊に変わって成功するようになってるんです。

守護霊や指導霊って何ですかっていうと、あなたを守ってくれたり、導いてくれたりする存在のことです。

でね、みんなはできなかったとしても、自分だけは成功すると思ってやってると、守護霊や指導霊が力を貸してくれて成功するよ。

毎年、お正月には世の中が箱根駅伝で盛り上がります。なぜそんなに盛り上がるのかっていえば、選手が「自分は箱根を走りたいんだ」「優勝したいんだ」っていう気持ちで出てくるからです。

そういう選手が競い合ってるからおもしろくて、みんな箱根駅伝を見るんだよね。

もし、選手がみんな譲り合ってたとしたら、ドラマも何もなくてつまらない（笑）。

だから私は、仕事では大手の化粧品メーカーだとか、健康食品メーカーだとか、どんな会社とでも戦います。

で、お弟子さんが本を出すと言えば、真剣にお手伝いする。

助け合わなきゃいけない場所と、競争しなきゃいけない場所を見分けているんだよ。

人の意見を否定するときは代案を出すんだよ

よく、会社の企画会議なんかで「これは売れるぞ」と思って発表すると、ちゃんと数字を見たのかとか、こういう理由で売れないってことをあれこれ言う人がいるでしょ。

私が本を出すときも、やっぱり売れない理由を言ってくる人がいるんだよね。そうすると、私はこう返すんです。

「売れない方法を知ってるんだったら、売れる方法もわかるよね?」

そうすると、たいてい相手は黙ります(笑)。

これじゃダメだって言うんだったら、もっといい意見があるんだよねって。私の意見を否定するんだったら、もっといい意見がなきゃ。

まさか代替案もないのに、人の意見だけ否定してるわけじゃないよなって。**否定するのはいいけど、だったらコレやったほうがいいよって代替案を出すのが愛だよ。**

あのね、ダメなことを話し合ったって、1円にもならないんです。1つも余分に売れないんだよ。わかるかい？

あの女性と別れろって言うなら、もっといい女性を紹介しなきゃいけない（笑）。子どもからおもちゃ取り上げるんだったら、代わりにもっといいものをあげないとね。

代わりも出さないで否定するのはおかしいんです。

だって、私はこれを最高だと思って売り出そうとしてるの。それを否定するんだったら、こうやると売れるよっていう改善案がなきゃ。それを出してくれれば、私だって納得するよ。

嫌われる人っていうのはね、人の意見をつぶすけど、代替案を出さないからなんです。

だけど、会社の上司に「じゃあ、代替案を出してくれますか？」とか言いづらい。そういう場合は、自分が社長になっちゃうしかないよね。

自分が社長を目指して、いちばん偉くなればいいんです。

神の法則通りにすれば成功以外の道はない

一人さんって、途中で弱気になったりしたことはないんです。なぜかって言うと、私の場合は、成功か大成功しかないから。

それがわかっているから、弱気になることもないんだよね。

実際に、私の人生は1回もハズレたことがありません。

商売を始めてから、赤字も1回だって出したことがない。うちの会社は、ずっと黒字なんです。

どうして成功することがわかるんですかっていうと、間違ったことをしなきゃハズレないんだよ。

あのね、仕事でも何でも、法則があるんです。

上から物を落っことしたら、下に落っこちる。それと同じように、必ず成功する法則があるから、その通りに商売すればいいだけのことなんです。

物を持ってるとき、手を離したら、落っこちないでどんどん上に行ったとするよね。そんなあり得ないことが1回でも起きたとしたら、この宇宙はバラバラになっちゃうんです。

成功するには、成功の法則がある。その法則通りにすれば、間違いなんて絶対ないんだよ。

じゃあ法則って何ですかっていえば、この本にそれはくまなく書いてあるから、よく読んでくださいね。

トップがいちばん前に出て戦うんです

一人さんが将棋をやると、スゴいんです。いきなり王様が前に出て、攻めていっちゃうの。

普通は王様を守るものなんだけど、私の将棋はそうじゃない。王様がいちばん強いから、最初から王様で攻めていくわけです。

で、たいがい負けちゃうんだよね（笑）。

だけど、この社会での実戦はそうじゃない。

実戦では、いちばんトップのやつが先頭に出ると、周りはトップを死なせるわけにいかないから、助けに来るものです。

それを、トップだからっていちばん後ろの安全なところから、アレやれコレやれって、だれがやるもんかよってて。

人間っていうのは、感情があります。

将棋の駒には感情がないから、自分の思う通りに動かせるけど、**人間には「この人を助けたい」「この人について行きたい」っていう気持ちがある。そういう気持ちがあるからこそ、トップについて行くんだよね。**

なのに、後ろのほうに隠れてて、お前らだけ行ってこいって言ったって、だれも行かないよ。

あなたに必要な学びがある

素晴らしい話を聞いたり、本を読んだりして、そのときは心を打たれて「よし、この通りにやってみよう」と思うのに、すぐ忘れちゃう人がいるんだよね。そういうときはどうしたらいいいんですかって聞かれるんだけど、それは、そういう人生なの。あなたはそんなに困ってないから、別にその本に書かれてることをしなくてもいいってことなんです。

要は、自分に必要ないからすぐ忘れちゃうんだよね。

あなたに必要なのは、もっと別のことだってことです。だから、もし私の本を読んでもすぐ忘れちゃうんだとしたら、私の教えを学ばなくたっていいの。

そんなことより、人の悪口を言わないとか、人を褒《ほ》めるようにするとか、その人にはその人に合った修行がある。それをやってれば幸せになります。

あなたには、あなたの人生があるということだよ。

海の波ってね、海ができてからずっと存在してるけど、同じ波は1回も来たことがないんだよ。

それと同じように、人間も全員違います。全員違ってていいんです。人は違うのが当然なんです。指紋だって、髪の毛の質だって、鼻の穴の形だって、1人として自分と同じ人はいないでしょ。

一人さんの言ってることだってね、思ってることを伝えてるだけで、それが正しいと言ってるわけではないんだよね。

私は、人生ってハズレがなくて当たりばっかりだと思い込んでるし、そのように思いながらずっと生きてた。で、その通りの人生を歩んでるんです。

だけど、人生そう甘いもんじゃないと思ってる人は、そういう人生になる。1000に3つ当たればいいと思ってる人は、やっぱり1000に3つしか当たらない人生なんだよ。

願い事は願った瞬間にかなうものだよ

願い事というのはね、願ったと同時にかないます。もし、あなたが金銭的に豊かになりたいと願えば、それと同時にもうかなってるんです。

この地球は行動の星だから、豊かになるにはどうしたらいいんだろうって歩き出すと、その道ができるようになっています。

要するに、豊かになりたいのになれないのは、願うだけで行動しないからなんだよ。願ってもなかなかかなわないんじゃなくて、歩き出さないからかなわないだけ。

普通の人って、そんなに簡単に成功なんてできっこないと思い込んでるんです。だけど、神を味方にすれば、簡単に成功できるよ。

で、神を味方にする方法っていうのは、繰り返し言っているように、愛のあるしゃべり方をするとか、愛のある行動をするとか、本当に簡単なことなんです。

みんなね、神様を好きだと言いながら、そのいっぽうで愛のない言葉をしゃべったり、人が傷つくようなこと言ったりしてるの。そうすると、神様は味方してくれないから、成功することが難しくなっちゃうわけです。

一人さんはね、仕事のことで技術的なことを聞かれてもダメなんですよ。若い人から、いくら技術的なことを聞かれても答えられない。

今はインターネットの時代だけど、私はインターネットなんてできないし、携帯電話すら持っていない。

ただ、人の悪口を言っちゃいけないとか、人間は何回も生まれ変わるとか、神様を味方にしたかったらこうすればいいとか、そういうことは知ってるから教えられるんです。

その通りにやればうまくいきますかっていえば、これは神様の法則だから、だれがやってもうまくいくはずなの。

だから、私のお弟子さんやなんかも、みんな豊かになったんだよね。


私はね、願ったことは何でもパッとかなうんだと思い込んでるの。

思うのと、思い込むのとは全然違うよ。思い込むって、疑念がないんです。

でね、「成功のためには、やっぱり苦労して初めて……」とか言う人もいるかもしれないけど、そんなに苦労するって、神がかりじゃないんですよ。神的っていうのは、あれあれって言ってる間にうまくいっちゃう。

そこにつらい努力が介在してたらダメなんだよ。願って願って、苦労の末にようやく出てきたものだとしたら、それは神的ではないの。

神的って言うのは、究極を言っちゃうと、願わないのに出てくるんです。研究して研究して、ある日トイレに入ったときポンと出たとかっていうのは、神的じゃないんだよね。

楽しくないなら、その研究はダメだよっていうのが、一人さん流のやり方です。もちろん、研究が楽しい人は、研究したほうがいいですよ。

信じようが信じまいがどちらでもいいんだけど、私は、神的というのはそういうものだって思い込んでる人なんです。

で、それを商品化すると、自分でも思っていた以上に反響があるんです。たくさんの人に「助かりました」って喜んでもらえる。

すると、そんなふうに人を助けたぶんだけ、私のところにはお金や幸せがやってくるんです。

楽しく仕事して人に喜ばれる最高の会社

私たちの会社には、苦労話はないんです。楽しくしてて楽しいものができて、それがお客さんに喜ばれて、売れる。最高の会社だと、私は思ってるんです。

この商品が月に20万個売れるように顔晴《がんば》ろうって言って、たとえ月に1万個しか売れなかったとしても、それまで世の中になかったものが出て行っただけだから、うちとしては売り上げが上がるだけ。だから、**大当たりか当たりしかない**んです。

研究開発費にお金がかかってたら、そうはいかないかもしれないけど、私のは神がひらめきをくれたものだから、研究費もかかっていない。だから、ハズレがないの。

化粧品って、普通は膨大な研究開発費がかかってるものなんです。だけど私の場合、普通は研究してもできなかったことが、パッとひらめいてできちゃうわけです。

それが世のため人のためになって、自分のためになって、仲間のためにもなるんだったら、神様は願いを聞いてくれるんだよ。だって、私も神も、同じ構成要素でできてるんだから。

「一人さんだからすごいアイディアが浮かぶんじゃないの？」って言われたら、そうかもわからない。でも、私は自分のことをすごいと思ったことはないんです。すごい努力をしたわけでもないし。

だけどね、もし私だから神様が特別なアイディアをくれたんだとしたら、いろんなことで私が人を喜ばせたり、人助けをしたりしたから。そのごほうびとして、商品のアイディアをくれたのだと思います。

人の悪口を言わないとか、そういうことに挑戦するだけでも、すごいことが起きるんだよ。人生が変わっちゃうような、おもしろいことが起きる。

で、重ねて言うけど、人の悪口を言わないようにって、我慢するのとは違うからね。言わないように、挑戦するの。

我慢するのと挑戦するのとでは、結果が全然違います。それを間違えないように、しっかり覚えておくといいですよ。

人は協力し合うことで完璧に近づくんだよ

だけどね、我慢しなくていいよって言っても、やっぱり我慢しちゃう人っているんです。そういう人は、我慢するのがその人にとっていちばん楽で、我慢強い人なの。我慢が向いてる人なんです。

だったら、いちばん得意なことで解決すればいい。ずっと何年も我慢してきて、それがやめられないんだったら、そのままでいいんだよ。

ただね、愚痴とか悪口はやめようよ。そういうのをやめると、必ず人生は変わるよ。神が味方してくれるようになるからね。

結局ね、神は愛なんだよ。人の悪口とか、自分のことをけなしたりとかっていう愚痴は愛ではないから、そういうことをしてると、神は味方してくれません。

でね、そう言う一人さんは全部完璧にできるんですかっていえば、そんなことはできっこないよ。だけど、完璧じゃなくたって、こんなにいいことが起きるんだよってことをお伝えしたいんです。

人は完璧になることはできません。

なぜって、神は人間に自由意志をくれたからです。自由意志があるってことは、人間には個性があるんだよ。そのこと自体が、もう完璧ではないよね。

完璧になっちゃうと、実は個性ってなくなっちゃう。だから、人間は神のように完璧になることはできないんだよ。


だけど本当はね、完璧である神から、不完璧なものは生まれません。

じゃあ、どうして人間は不完璧なのかって言うと、**1人ひとりは個性があって完璧じゃないけど、全員が集まると完璧になるんです。**

人って、協力し合うことで、完璧に近づいていくの。

で、その協力というのは、困っている人のことは助けるけど、困ってない人は競い合うことを言うんだよ。

シンプルな考えが本当はすごい

私ね、ここんとこずっとおもしろいなあと思ってることがあるんです。

これはウソか本当かわからないんだけど、韓国が不況のとき、当時の大統領が『タイタニック』という映画を観たんだ。そうしたらその1本の映画の収益がものすごい金額で、韓国の名だたる企業よりも上だったことに気づいたらしいの。

でね、映画でこんなに収益があるんだったら、芸能界に力を入れたほうがいいってことで、国を挙げて芸能人を養成し出したんだって。

普通に考えたら、それって一国の大統領が考えることじゃないよね。でも、本気になって芸能界に力を入れ出したら、世界中で通用するスターが次々と出てきたわけです。

今、韓国の芸能人って世界的に大人気で、韓国旅行をする人の中にも、芸能人が目当てだって人がずいぶん多いそうです。これ、すごいことだよね。

何より、国を挙げてそういうことをしようっていう発想がすごいよね。

それとね、韓国は進んでるなって思うのはさ、整形しようが何しようが、きれいなほうがいいっていう考え方が当たり前らしいんです。だから、整形を隠さない人も多い。

そういう、シンプルな考え方ができるのもすごいと思います。

だって顔のことでずっと悩んでるより、直したほうが幸せなら、整形だってアリなんだよね。

日本人は自然のままのほうがいいと思ってるけど、中には直したほうがいい人もいるじゃない。顔がどうこうという問題じゃなくて、顔のことでずっと苦しんでる人は、整形という選択肢があってもいいんじゃないかってことだよ。

だけど、日本人の場合は、人の目を気にしたりして、直したくても直さなかったり。

それが韓国では、どんどんやっちゃう。成人式には親が子どもに整形をプレゼントすることもあるそうです。

そういうことを普通にやれる国って、進んでるなぁって思います。

競争はあるのが当たり前

日本で残念なのはね、今はどうも、韓国の芸能人をテレビなんかのマスコミに出さないようにしてる人たちが一部にいるみたいなんだよね。

だけど、そういうことをしてる日本の芸能人って、世界じゃ通用しないんだよ。もっと開放して世界と戦わなきゃ、世界で戦える人は出てこないよ。わかるかな？

ラスベガスのホールを一杯にしちゃうといっても、日本人がやった場合、日本のファンが行って一杯になってるんだよね。

日本の芸能界がふるわないのは、正当な競争をさせないから。そんなことをしてると、業界自体がダメになっちゃうんです。

日本人は、競争がないことがいちばんいいと思っているんだよね。競争をしたがらない。

中国人なんかだと、まず最初に中華料理店を中心にしてチャイナタウンを作るんだよね。世界のどこへ行っても、中華料理店をまず何軒も作っちゃう。そうすると、どんどん中国人が集まってきて、そこで競い合うわけです。だから、いいお店が増えるんです。

日本人は競争を嫌がるんだけど、競争のない世界なんてないよ。競争は、あるのが当たり前。ないようにすること自体がおかしいんです。**外国人を排除するとか、そういうことをしてるのは鎖国と同じだよね。それをやってる間に、日本の評価が下がっていっちゃうんだよ。**

だから世界で売れてる韓流スターがいるなら、日本でもテレビにどんどん出せばいい。

そうすると、日本の芸能人もそのいいところをマネして伸びるし、外国人のスターを抜こうとする人も出てきて、世界で戦えるような芸能人がいっぱい育つんだよね。

日本はどうしてこんなに競争を嫌がるんですかっていうと、元がサムライ社会だからです。サムライって全員、公務員だから。

簡単に言うとね、みんな学校に行くまでの競争はするけど、学校を出た後の競争はしたくないの。

学校に行くのに、競争があります。でも、学校を出たら、もう競争はやめたいんだよね。

多くの日本人って、一生勉強するとかって嫌いなんです。本当は勉強もしたくないんだけど、学校に入るまでの間だから我慢して勉強してるの。

だから、本物じゃないんだよ。本当に勉強が好きなわけじゃない。もし本当に勉強が好きだったら、終わってもずっと勉強していたいはずだよ。

そういう意味では、大学生が憧れる職業のランキングの上位に公務員が上がるのもわかるよね。でも、公務員になりたいと思っている人が、本当に公務員になりたいのかどうか、よくわからないように思うけど。

外見に自信がなければ魅力ある人になればいい

自分の顔にコンプレックスがある人のなかには、競争に勝てる自信がないって言う人もいます。

そもそも、人がだれかを魅力的だなあと思うのは顔じゃないんだよね。魅力的な人は、男でも女でも、まずは優しくて親切な人。

親切っていうのは、相手のためを考えられるってことだと思うんです。

例えば、教える必要があるときは、その人に対してきちんと教えてあげる。その人の成長に役立つことをさりげなくできる人が、優しく親切な人なんです。

コンプレックスがあるんだったら、そのコンプレックスと思っている部分が魅力に見えちゃうくらい、素敵になればいいんだよ。

あのね、上杉謙信《うえすぎけんしん》（戦国時代の武将）っているじゃない。私は、彼がイイ男だったかどうかは知らないんだけど、もしブ男だったとしても、人を引きつけちゃうだけの何かがあったんだよね。

永平寺《えいへいじ》（福井県にある曹洞宗《そうとうしゅう》のお寺）を開いた道元《どうげん》は、中国に渡って修行を積みました。で、中国から帰ってくるときに、当時、中国で一流と言われた大工の棟梁《とうりよう》が日本まで一緒についてきたんだそうです。

言っちゃ悪いんだけど、道元の顔って、けっしていい男とは言えないんだよね（笑）。だけど、はるばる日本までついてきたというのは、それを乗り越える魅力が、道元にあったということです。

だって、中国で一流と言われた人が、未開の国までついてきたんだから。中国から日本に渡ってくるって、今みたいに簡単じゃなかったんだよ。途中で死んじゃう可能性だってあった時代なのに、それでもついてきた。

お坊さんから見て魅力があるのもいいけど、道元って、一般の人から見ても魅力があったということなんだよね。わかるかい？

そこまで魅力的になれば、顔がどうとか、そんなことはどうでもよくなっちゃうんだよね。**素敵な人であれば、周りの人には、外見なんて関係ないくらい魅力的に映るものなんです。**

外見のことを気にしてばっかりってね、大したやつじゃないってことだよ。髪の毛が薄くなっちゃって気にしてるとかね、そんなに大した問題じゃないの。

いや、気にしちゃいけないと言ってるんじゃないよ（笑）。

あのね、空海《くうかい》（弘法大師《こうぼうだいし》の名で知られる、真言宗《しんごんしゅう》の開祖）なんて、頭をつるつるに剃ってたんだから（笑）。

結局は、あなた自身の魅力なんです。頭が薄いとかどうとか、そういうことは関係ないの。

そんなに顔が悪いのを嘆くんだったら、お金を貯めて整形しようって言ってる人のほうがよっぽど挑戦的かもわからない。

魅力のない人って、魅力のないことを言うんだよね。だけど、今より魅力のあることを言ったり、魅力のある行動をしたりしたとき、パッと魅力のある人になる。

外見は関係ないくらい、魅力的な人になれるんだよ。

第6章

神様は
あなたの笑顔が大好き

難しいことに挑戦するとだんだん楽しくなってくる

私が今、盛んにずっとやり続けているのは、自分を笑わせることです。自分を笑わせることって本当に難しいけど、だからこそ挑戦のしがいがある。

物事って難しいからやらないのか、難しいから挑戦するのか、そのどっちかです。で、ゲームでも何でもそうだけど、**だんだん難しいほうが楽しくなってくる**んだよね。

そういう意味では、ありがとうを言うだけなら、ものすごく簡単なゲームなんです。ただ「ありがとう」って言えばいいんだから。

同じように、人を愛するのも簡単です。人を愛するだけなら、ストーカーだってできるんだよね（笑）。

最近、セクハラの問題が外国なんかでずいぶんあります。

あのね、セクハラって、あんたが嫌いってことなの。だって好きな人だったら、誘われたら嬉《うれ》しくてしょうがないでしょ？

アイドルが好きな人だったら、そのアイドルのライブに行って、目が合っただけでも大喜びだよね。サングラスを外しただけでもキャーだし、それこそ舞台に出てきただけでキャーって（笑）。

だから、好かれる人間になることだよね。

人を大笑いさせたかったらまず自分を笑わせてごらん

神様ってね、ユーモアが大好きなんです。で、おもしろいことに、人は笑うと、一瞬にして心が開きます。

だから私はいつも、いろんな話を「**これをどう表現したら、笑える話になるだろうか**」って考えてるんです。

でね、まずは自分が笑える話にするわけです。自分が笑おうと思うとね、ものすごくおもしろくしないと笑えないんだよね。

ところが、人を笑わせようと思うと、自分を笑わせたときの半分とか3分の1くらいのおもしろさでも笑ってくれるの。

もっと言うとね、相手の人数が多くなればなるほど、わずかなおもしろさでウケるんだよ。1000人集まれば、ちょっとした冗談でもワッと笑うよ。

いちばん笑わせるのが大変なのは自分なんです。だから、いつも自分を笑わせてるとね、人に会ったとき、相手を笑わせるくらいの冗談を言うのはワケないんです。

で、自分を笑わせると言っても、ふだん5の冗談で笑っているのか、10の冗談で笑ってるのかでも違うんだよ。

いつも5の冗談で過ごしてると、人前に行くと、2とか3くらいの冗談しか出ない。だけど、自分が10の冗談で過ごしてると、6とか7の冗談で人を笑わせることができるよね。

そう思うと、やっぱり自分が腹かかえて笑えるようにならないとダメだなって。

で、私は何かおもしろい話があると、この話をどうやって表現したらもっと笑えるだろうかって考えるんです。

だから、私はいっつも、とても人には言えないようなおもしろいことを考えては、1人でクスクス笑ってるの。そうすると、周りから、「今、何考えてるんですか？」って聞かれるんだけど、言えないいって（笑）。

人生はとにかくおもしろくなきゃいけないよ

幸せって、楽しいのと同じです。

例えば、俺は野球の選手になるんだって決めて、野球選手になって大喝采されているところや豪邸に住んでいるところを想像すると、それだけで楽しくなるものなんです。

練習してようが、トレーニングしてようが、野球に関することなら何をしてても楽しいはずなの。

だから、本物の野球選手になるまでのトレーニングなんかは楽しくないっていうのは、本物じゃないいんだよね。本物っていうのは、想像しただけで楽しくなるものを言うんです。

ところが、世の中には楽しんじゃいけないと思ってる人が一定数いる。そんなこと思う必要はないんだよ。

あのね、一人さんって、とにかくおもしろくなきゃいけないと思ってるんです。で、そう思ってるから、私の人生はおもしろいわけです。

四六時中、おもしろいことを考えてるんだから、毎日おもしろくてたまらないんだよね。

おもしろいことを考えるのは才能がいるんですかっていうと、何でもやってみることです。

もし、1日に3人を笑わせることができたら、あなたの人生は大正解だと思います。同じ人ばっかり、毎日笑わせてもいい。やってごらん。

ちょっとした工夫でおもしろい話になるんです

おもしろいことってね、おもしろくないことから生み出されるものなんです。

昔、時代劇なんかでさ、女の人が襲われそうになると舌をかんで死ぬって場面がよくありました。私だったら、その場面の男女を入れ替えて想像するわけ。

それで、前世《ぜんせ》の話をするときなんかは、「俺は前世で女性に襲われて、舌かんで死んだことが何回かあると思うんだよ」って言ったりするの。

すると、周りの人は「そんなわけない」って大笑いしてくれるんです（笑）。

私の場合だったらね、納税日本一になったとき、周りの知り合いから判で押したように、「斎藤さん、儲《もう》かって笑いが止まらないでしょう」とかって言われたんです。

そういうときには、すかさずこう返しました。

「笑いが止まらない段階はもう過ぎちゃった。今は、あんまり儲かるものだから、夜になると笑いすぎて涙が止まらないんですよ」

そうすると、だんだん何も言われなくなってくる（笑）。そんなことないよって否定したり怒ったりするから、あれこれ言われるんだよね。

こんなのもあったよ。

ちょっと太るとね、「斎藤さん、金太りですか」って。幸せになることで太ることを幸せ太りって言うよね。それと同じように、私にお金が入ったから太ったと言いたいんでしょう。それに対する答えは、こうです。

「いや、金太りじゃないんだよ。金むくみで、今はもうむくんじゃって」

私のは、金むくみだって返すんです（笑）。

こんなふうにね、笑えるような答えがいちばんだよ。

相手も笑えて、こっちも笑える。それができると、変なことを言ってくる人はいなくなります。

だから私がいつも考えるのは、こっちも笑えて相手も笑える答えは何だろうっていうこと。

要するに、**相手よりちょっと楽しい知恵が勝っていればいい**んだよね。

1回笑うと100の福がくる「一笑百福」

みんなね、人生のごほうびが少なすぎるんです。何が言いたいかっていうと、普通の人は「笑う門には福来る」って言うんだよね。

だけど、笑って福が来るって、1回の当たりじゃないんだよ。

私の場合はね、1回笑うと100くらい福が来る「一笑百福《いっしょうひゃくふく》」なんです。ものすごい大当たりだから、俄然《がぜん》やる気になる(笑)。

このことをぜひみなさんにお伝えしたくて、私が魂を込めたカードを、巻末に付録として添えさせていただきました。

このカード、飾るだけでも、持ち歩くだけでも、人生が大当たりになるよ(笑)。

世の中にはいろんな言葉があるんだけど、「1を出すと1が返って来る」という意味でとらえると、どうもやる気にならないものです。1出してると、たまにちょっとごほうびが来るよ、みたいな感覚だと、労力が多過ぎてごほうびが少ないからなんだよね。

だけど、「1出したら100来る」くらいだと、人間はやる気になる。だから、私は一笑百福って言うの。で、それを信じられる人なんだよ。

私はね、**ちょっといいことすると、うんとごほうびがもらえるって信じてるんです。なぜかって言うとね、それくらい、世の中にはいいことをしてる人が少ないからです。**

人のいいところを見たら褒《ほ》めるとか。

たったそれだけのことですかっていえば、たったそれだけをやってる人が少ないんだよ。

だから、みんなハズレなの。わかるかな？

ちょっといいことをすると、みんなの当たりの運が全部私のところにくる（笑）。

だって、ほかのみんなはハズレなんだもの。

競馬でも何でも、当たりが少なきゃ配当が多いよね。それと同じなんです。

人がしないことにこそ価値がある

いつも笑顔でいる。

人のいいところがあったら、褒めてあげる。

みんな、なかなかそういうことをしないから自分もしないって言うけど、みんながやらないから価値があるんだよ。

本当のことを言うとね、**私は一笑百福どころか、千福か万福だと思っています。それくらい、みんな笑顔が足りないし、人のことも褒めないんです。**

日本人って笑顔が足りないよね。愛のある顔をしてないの。愛のある言葉を使ってない。だから、そういう中で自分が笑顔で愛のある表情や言葉を出してると、人のぶんまで自分にいいことが起きるんです。

満員電車なんかに乗ってごらん。みんな無表情で、本当にいづらいよね。だけど、その中で自分だけは機嫌よくしてるんです。

そうすると、そこの座席にいる人たちの幸せが、全部自分に来ちゃうよ。

笑顔って、それくらいすごいことです。

1回笑うと、ごほうびがたくさんくるよ。だから笑いな。

本当だよ。

だって、私の人生はね、私が笑ってるだけで周りの人も幸せなんです。で、たくさんいいことが起きる。

私の人生は、一笑いするだけで百くらい福が来る。だから、私は「一笑百福」が正しいと思っているんです。

幸せになるのに苦労はいらないよ

この日本っていう国はね、いいことは昔から山ほど言葉に残ってるけど、それをやる人が少ない国なの。

なぜかって言うとね、みんな、苦労しなきゃいけないと思ってるの。幸せっていうのは、苦労して苦労して手に入れるものだと思ってるんです。

で、苦労するとどうなるかって言うと、苦労が寄ってくるんだよ。だから、不幸になっちゃうの。

苦労って、いらないものなんだよ。

昔の日本の偉人伝なんか読むと、みんな苦労に苦労を重ねてるよね。

だけどそれって、その偉人が苦労したんじゃないよ。その本を書いた人が、「この人はこんなに苦労した」と書いてるだけなんです。

おそらく当人は、苦労だなんて思ってないよ。好きなことをやって出世して、楽しくてしょうがなかったはずです。

あのね、苦労話っていうのは、周りの人が言ってるの。で、その人たちは、苦労話をしないといけないと思い込んじゃってるんです。

血のにじむような努力をした人が成功を勝ち取るのが好きだし、小学校のころは、必ず二宮《にのみや》金《きん》次《じ》郎《ろう》（二宮尊徳《そんとく》。江戸時代末期の思想家。貧しかった生家を努力で再興し、その後は他家や貧しい村々の救済を行い、功績を挙げた）が出てきて、ああしなきゃいけないのかって思い込まされる。

だけどね、二宮金次郎は体がでっかくて体力があったから、土地が開拓できたんだよ。でね、開拓すると畑ができます。そうすると、小作人を雇って任せちゃうんだよ。

で、体力があるから、自分はまた新しい土地を開墾する。

それを繰り返しているうちに地主になっちゃって、大勢の小作人を使って土地を開墾したんです。

みんなが思ってる二宮金次郎像とは、ちょっと違うと思わないかい？

それだけじゃないんだよ。二宮金次郎の偉いところは、愛人がいっぱいいたの(笑)。これね、本当の話だからね。

だってさ、**自分が楽しいことをしないで、何のために働くんだい？**

それをすぐ、世のため人のためって言うけど、人間って、働けばそれだけでもう世のため人のためになるんです。働くだけで世のため人のためになるのに、自分の幸せまで忘れてたんじゃや、働くことが続かなくなるよ。

世のため人のためだけで、長く続けることはできないんです。

仕事って、自分のために働くという気持ちがなかったら、顔晴《がんば》れないよ。

立派に生きようと思わなくていいからね

あんまり立派な人ってね、途中で苦しくなっちゃうんです。

偉い先生がいて、自分のことを忘れて人に尽くして……とか言うけど、たいがい、そういう人は悪いやつに濡れ衣を着せられたりして、はりつけになる。

立派すぎる人を見てると、やっぱり末路も苦しいものだったりするんだよ。

最近でも、世間ではものすごく立派だと称賛されていたある有名人が、いっぱい愛人がいたっていうことで、ものすごく叩かれちゃったんだよね。

だけどね、私に言わせると、最初から「私は愛人がいっぱいいるんです」って言っちゃえばよかったと思うんです。男なら女性が好きなのは当たり前だし、モテたらうれしいんですって、言っちゃえばいい。

それを隠してるからいけないんだよ。最初からそういうことを言ってる人なら、そのことでファンがいなくなることはないよね。

ところが、黄色いものを赤だとかって言うから「ウソつき、おまえは黄色だ！」って叩かれるんです。

でね、もし世間から黄色じゃないかって言われたら、**「黄色じゃない、俺は真っ黄色なんだ」**って、冗談交えて返すくらいじゃなきゃ（笑）。

男性が女性を好きなのは当たり前のこと。女性がファッションを好きなのも当たり前のこと。

それを我慢してると偉い人だって言うけど、そんなの本当ですかって話だよね。

神は犠牲を求めません

自分が犠牲になる必要はないよ。人の幸せも大事だけど、そういう自分も幸せになりなよって言いたいんです。

人も大切だけど、自分も大切。

もちろん、自分のことばかり考えてるやつはおかしいけど、人のことばかり考えてるのもおかしい。

1000人とか1万人を幸せにするんだったら、あなたも幸せになりなよって。

1000人も幸せにできる人間が、なぜ自分1人も幸せにできないの？

神様から、「一人さんが死んだら100万人が助かるよ」ともし言われたとします。

そういうとき、私だったらこう言うよ。

「100万人も助けられるんだったら、俺も助けてよ。あと1人くらい、何とかなるでしょ？」

ただ私は、自分を犠牲にしなきゃみんなが助からないっていうのは、神様じゃないと思ってるんです。

神様は絶対に犠牲を求めないから。

自分も幸せ、人も幸せ。それがいいに決まってるよ。

そういう意味で言うとね、商売なんかは、夢と希望と光があればうまくいくようにできてるんです。だから、商売ってそんなに難しいことじゃない。

でね、人生も難しくないんだよ。もし難しいと感じるんだったら、それは目標が間違ってるってことだから、進む方向を変えてごらん。

成功の秘訣、それは発想の転換だよ

すごい顔晴っているのに、自分が成長していないように感じて苦しいっていう人がいるんです。

あのね、それって間違ってるんですよ。一生懸命やってもうまくいかないってことは、あなたのやり方が何か間違ってるということなの。

一生懸命やらないでうまくいかないのは話が別だけれど、一生懸命やってもうまくいかないんだとしたら、やり方が間違ってるんですよ。

つまり、もっといい考えがあるよ、もっといいやり方があるよっていうお知らせだから、**それを考える時期がきた**ということなんだよね。

必ず、もっといいやり方があるから、それを探してごらんってことなの。

ところが、考え方を変えないで、うまくいかないものを何とかガンバリで乗り越えようとしちゃうからいけない。

そうじゃなくて、**発想を転換するんです。**

人間が知恵の生き物だっていうのは、そういうことなんだよ。

例えば、空手で瓦を割るのに、10枚が限界だとします。で、11枚割りたかったら、トンカチを持って来るとか、別の方法を考えればいい。

要は、割れたらいいんだから。

じゃあ、1枚も割れない人はどうしたらいいんですかっていえば、そういう人は最初から重機でも持って来ればいいの（笑）。

発想を転換すべきなんですよ。

自力でできないなら、人の力を借りてもいい。知恵がないならだれかに借りにいけばいいし、本を読んでもいいよね。

ともかく、今のやり方では間違ってるということだから、何かしら方法を変えなきゃいけないんです。

あのね、うまくいかないという出来事は、あなたが成長するためにどうしても必要なんです。何でもうまくいってたら、人間に成長はないよ。

普通の人は、うまくいかなくなっても発想の転換を嫌がるんです。そういう、普通の人が見落としちゃうようなことをやってごらん。ものすごい成長するから。

楽しく開発した商品こそが売れる

私にとっていちばん大切なことは、楽しい気分でいることです。それが、最大の仕事なんだよね。

なぜかって言うと、私の仕事はひらめきとかアイディアが大切だからです。苦労したり、悲しんだり、辛い思いをしたりしていると、それがアイディアの中に入っちゃうんだよね。

不純物が入っちゃう。

でね、あんまり苦労して考えたものっていうのは、売るときにも苦労するものなの。

だけど、楽しくてしょうがない状態で出てきたものは、楽しい状態で売れてっちゃうんですよ。何の苦労もない。

苦労して苦労して作り上げたものって、その後も苦労だよ。

そう思ってる人なんです、私は。


普通の人は、苦労を入れなきゃいけないもんだと思っています。だけど私は、**苦労を入れちゃいけないものだと思い込んでる**人なんです。

そんなふうに苦労なしでいけたら世話がないって言う人もいるけど、世話がない方がいいんだよね。

で、実際にそれができるんだよ。

与えられた環境の中でどう幸せになるか

もし、あなたの大切な人が苦労してつらいと言っているとか、病気で苦しいと言っているとかだったら、そういう苦労はやめなって言ってあげるといいよね。

何も苦労する必要はないんだよ。

例えば、もっと楽な方法ってあるんです。

具合が悪いからって病院で寝てることもできるけど、少しでも動けるんだったら、散歩したり、ドライブしたりして楽しむこともできるよね。だれかのお手伝いをするのが好きだって人は、可能な範囲で人のお手伝いをしてみたらいい。

重い病気で動けないんだったら、好きな本を100冊くらい買ってきてもらって読んでもいいよね。


自分がいちばん楽しい生き方って、どんな状況でもできるはずなんです。

他人から見たらつらそうに思える状況でも、自分の人生を楽しむことはできる。

そしてあなたは、大切な人に人生を楽しんでもらうために協力できるはずです。

ドライブならあなたが車を運転してあげたらいいし、本が好きな人には本を買ってきてあげるとか。いくらでも協力できます。

身内やなんかに病気の人がいたら、心配してあげることが愛だと思ってる人がいるんです。だけど、愛ってそういうことじゃなくて、病気でつらいかもしれないけど、その中でも楽しく生きる方法があるよってことを教えてあげられること。

幸せになるというのは、与えられた環境の中で、どうやって幸せになるかなんだよ。

病気で苦しんでる人もいれば、病気でも楽しく生きている人もいる。あのね、看護士さんを口説いてるツワモノだっているよ（笑）。

どう生きるかは、自分の人生の問題だよね。

病気だから不幸だって思う人は、実はその前から不幸なの。会社でこういうことがあって不幸だとか、ああいうことがあって不幸だとか。

幸せになりたいんだったら、どんな環境でも幸せになることを考えたほうがいいよね。

私がいつも思ってるのはね、神様から「これならもう、一人さんも参ったをするだろう」っていう苦しい課題が出てきたときでも、絶対に参ったはしないぞってこと。

それが一人さん流の生き方なんです。

だから私の場合には、何か問題が起きると「これをどう乗り越えようか」って考えるだけで楽しくなるの。

できるだけ苦しみを混ぜないこと。

毎日を楽しく生きること。

みんなに、たくさん、たくさん幸せが訪れて欲しい。一人さんは、心からそう願っています。

幸せになろうね。

ありがとうございました。

あとがき

赤い花は、赤く生きて欲しい。
黄色い花は、黄色く生きて欲しい。
あなたは、あなたらしく生きて欲しい。
神様が望むことは、ただそれだけです。

さいとうひとり

みんなが**笑った**　みんなが**涙**した

斎藤一人「俺の人生」（約10分）

「銀座まるかんパーティ」にて収録された最新のお話です
（2018年4月8日　グランドプリンスホテル新高輪　飛天）

このお話は「100回聞きシリーズ」です
聞ける人は100回聞いてください

右のQRコードを読み込むか、
下記URLからご視聴いただけます（YouTube）
https://youtu.be/JTQ9r34trVI

この話を聞くと、あなたは絶対笑ってしまう
今、一人さんが一番、聞いて欲しいお話です

「魂の浄化10の質問」（約12分）

解答者：**斎藤一人**　　質問者：**柴村恵美子**

このお話は「100回聞きシリーズ」です
聞ける人は100回聞いてください

右のQRコードを読み込むか、
下記URLからご視聴いただけます（YouTube）
https://youtu.be/1RmallQ1GLM

斎藤一人さんとお弟子さんのサイト

斎藤一人さん公式ブログ ………http://saitou-hitori.jugem.jp/

ひとりさんが毎日あなたのために、ついてる言葉を、日替わりで載せてくれています。ぜひ、遊びにきてください。

柴村恵美子さんのブログ ………http://s.ameblo.jp/tuiteru-emiko/

ホームページ …………………http://shibamuraemiko.com

舛岡はなゑさんのブログ ………http://s.ameblo.jp/tsuki-4978/

「愛のハンドヒーリング」（講演会・美開運メイク・癒しのセラピスト）
オフィシャルサイト ……………http://bikaiun.com/72857/

みっちゃん先生のブログ…………http://mitchansensei.jugem.jp/

宮本真由美さんのブログ ………http://s.ameblo.jp/mm4900/

千葉純一さんのブログ …………http://s.ameblo.jp/chiba4900/

遠藤忠夫さんと宇野信行さんの
ホームページ …………………http://tadao-nobuyuki.com/

高津りえさんのブログ …………http://blog.rie-hikari.com/

おがちゃんのブログ ……………http://s.ameblo.jp/mukarayu-ogata/

斎藤一人（さいとう　ひとり）
健康食品・自然化粧品でおなじみの、銀座まるかん創設者。1993年以来、毎年、全国高額納税者番付（総合）10位以内にただ1人連続ランクインし、2003年には累計納税額で日本一になる。土地売却や株式公開などによる高額納税者が多い中、納税額はすべて事業所得によるものという異色の存在として注目される。
著書に『普通はつらいよ』『斎藤一人　世界一ものスゴい成功法則』『成功力』『斎藤一人　仕事はおもしろい』、共著に『斎藤一人　父の愛、母の愛』（すべてマキノ出版）などがある。
公式ブログ
http://saitou-hitori.jugem.jp/

斎藤一人　俺の人生

2018年5月22日　第1刷発行
2018年6月20日　第3刷発行

著　者　斎藤一人
発行人　室橋一彦
編集人　西田 普
発行所　株式会社マキノ出版
http://www.makino-g.jp/
〒113-8560　東京都文京区湯島2-31-8
電話　ゆほびか編集部　03-3818-5098
販売部　03-3815-2981
印刷・製本所　大日本印刷株式会社

ISBN　978-4-8376-7275-3